Helmut Mülfarth

Tässchen Tee mit Wildschwein & Co.

Helmut Mülfarth
Tässchen Tee mit Wildschwein & Co.
Eine Wanderung mit ungewöhnlichen Begegnungen auf dem Natursteig Sieg

Buch

Eigentlich kam Helmut Mülfarth per Zufall zum Wandern. Die Natur mochte er schon immer, schließlich hatte er mehr als 70 Reportagen und Dokumentationen in der Welt gedreht und dabei ging es ihm immer darum, die Schönheit der Natur zu zeigen. Und dann zog er nach Altenbödingen und gleich ein paar Meter von seiner Wohnung entfernt gab es einen Wegweiser auf den Natursteig Sieg. Er begann den Geschichten an diesem Wanderweg nachzugehen.

Autor

Helmut Mülfarth ist gelernter Journalist, studierte Kulturwissenschaften und war mehrere Jahre Reporter beim Kölner Stadt-Anzeiger, bevor er Reporter beim WDR wurde. Später arbeitete er als Dokumentarfilmer und Redakteur bei Spiegel TV in Hamburg.

Von Helmut Mülfarth erschien bisher bei Twentysix :
   Wen die Schwerkraft tötet, ein Scifi-Thriller

Bibliografische Information der Deutschen Nationalbibliothek:
Die Deutsche Nationalbibliothek verzeichnet diese Publikation in der Deutschen Nationalbibliografie; detaillierte bibliografische Daten sind im Internet über dnb.dnb.de abrufbar.

TWENTYSIX - Der Self-Publishing-Verlag
Eine Kooperation zwischen der Verlagsgruppe Random House und BoD - Books on Demand

© 2020 Helmut Mülfarth

Herstellung und Verlag:
BoD - Books on Demand, Norderstedt
Umschlagfotos: Barbara Heider

ISBN: 978-3-7407-6974-1

Inhalt

Es geht los! Erinnerungen an Japan kommen mit	7
Es wird alpin und die Burg ist in Sicht	58
Troubadix mit Sohn und Wohnfässchen	82
Ohne Brötchen verlaufen und Steinelefanten	113
Thingplatz, Toast Hawaii, zerschossene Fassaden	135
Schmale Pfade und tote Bäume	162
Mit Rousseau zu Schafen und Bikern	166
Der ermordete Graf und Walthers Rachegelüste	192
Mähroboter, Sockenbällchen und Master Po	208
Strullernde Rindviecher und tolle Ausblicke	222
Kein Problembär im Ruhewald des Grafen	232
Wölfe, Indianer und Druiden	240
Nochmal Druiden und die Sehnsucht nach Italien	250
Ritter, Quelle und ein Deppenhütchen	260
Wegmarken zum Natursteig	270
Nachwort	271

Es geht los! Die Erinnerungen an Japan kommen mit

VON SIEGBURG NACH HENNEF

Großartig! Genauso hatte ich mir das vorgestellt. Es ging aufwärts und dabei setzte ich tatsächlich keinen Fuß vor den anderen. Sanft trug mich der Boden empor. Die Schwere des Rucksacks war kaum noch zu spüren, weil kein Schritt die Schwerkraft ahnen ließ. Ich stand einfach ruhig da, während die Rolltreppe den Wanderer, der ich ja ab sofort war, nach oben auf den Natursteig Sieg hievte. Ich wollte damit keinesfalls bemerken, dass ich eventuell faul wäre oder zur Bequemlichkeit neige. Nun - aber warum soll man sich denn plagen, wenn Stufen den wahren Wanderer von alleine weitertragen. Natürlich wäre die Treppe, rein figürlich betrachtet, wesentlich günstiger gewesen. Man hört immer wieder, dass das tägliche Treppensteigen etliche Kalorien verbrennt, die man ohne schlechtes Gewissen am Nachmittag wieder in Form von Käsekuchen zu sich nehmen kann. So hat der Mensch, der was auf sich hält, immer etwas zu verbrennen. Was sich vor allem in den Sommermonaten zeigt. Es ist auch die Zeit in der mein Nachbar regelmäßig ein großes tonnenförmiges Monstrum nach draußen in den Innenhof unserer alten Fachwerkanlage karrt. Früher war die Wohnanlage einmal ein landwirtschaftlicher Betrieb, der von Vieh-Haltung auf *Mieter-Haltung* umgestellt wurde. Zurück zu meinem Nachbarn und seinem Tönnchen. Es verfügt über einen schwarzen Deckel, den er immer wieder anhob. Dann qualmte es. Er stand in Gummischlappen und dreiviertellangen Shorts und einem Rippenshirt davor. Von Zeit zu Zeit schwang er eine große, ziemlich überdimensionierte Holzgabel mit der ein Neandertaler ohne weiteres ein großes Tyrannosaurus-Rex-Steak, ein wenig blutig versteht sich, hätte wenden können. Bis zu meiner kleinen Terrasse konnte ich das verbrannte Fleisch riechen: Steaks, Würstchen, Schaschlik-Spieße als vorgefertigte Zehnmann-Portion. Ich drehte mich um und sah die anderen Gärten und Höfe. Hinter jeder Hecke stiegen Rauchzeichen in den Himmel, die kein Indianer hätte deuten können. Ich schon. Es ist Grillwochenende. Ich beschloß, dem verbrannten Fleisch auf Rosten wandernd zu entfliehen.

Die Rolltreppe des Siegburger Bahnhofs trug mich weiter in die Höhe und in meinem Gesichtsfeld wurden die Umrisse des Ausgangs sichtbar. Zunächst sah ich nur Füße, die ich wirklich nicht näher beschreiben möchte; der Siegburger Chic lässt hier und da ein wenig an gehobene Lässigkeit denken. Schließlich war ich oben angekommen und entstieg in voller Größe der Rolltreppe. Es folgte der erste selbstständige Schritt auf meinem ganz persönlichen »Camino«, wie der geneigte Jakobspilger gerne seinen Weg nennt. Als ich der Rolltreppe entstieg, fühlte ich mich mit meinem beladenen grünen Rucksack wie eine Comicfigur aus

»Ninjaturtel«, diese kleinen bunten Schildkröten mit Gesichtsmasken.

Hoffentlich treffe ich keinen Bekannten, der sagt:

»Hey, was machst du denn hier? Du siehst ja aus wie ein in die Jahre gekommener Leuchtkäfer, mit deinem quietschgrünen Rucksack!«

»Sehr witzig!«

Nein, ich hatte Glück. Es bemerkte mich niemand, der mich kannte. Keine Erklärungsnot, warum ich nicht um diese Jahreszeit ein wenig nett Urlaub auf Mallorca mache, statt auf eine Wanderung von 239 km zu gehen.

»Weißt du«, hätte ich geantwortet, »ich liege völlig im Trend. Alle gehen in diesem Jahr auf den Camino, du weißt schon, den nach Santiago di Compostela. Ich dachte, das könnte ich auch mal. Dann ist mir eingefallen, dass es da vielleicht gerade an diesem Wochenende ein wenig voll sein könnte.«

Mein Gegenüber wäre dann natürlich schwer beeindruckt.

Tatsächlich habe vor der Wanderung eine Buchhandlung betreten und fand einen halben Regalmeter über den Camino, über den wahren, über den einzigen, über den an der Küste entlang und über den, der von Holland aus startet und - ja man könnte ihn ebenfalls vom Kölner Dom aus starten und käme nach einem halben Jahr in Santiago de Compostela an. Gesunde Füße vorausgesetzt.

»Ich bin den schon zweimal gegangen«, sagte ein älterer Herr neben mir, als ich gerade nach einem Reiseführer inklusive Packliste für den ernsthaften Pilger griff.

»Angeber!«, dachte ich und lächelte ihn freundlich an. Was interessiert mich das?

Meine Antwort: »Ich bin den Camino schon gehüpft, die Beine zusammengebunden und in einem alten Kartoffelsack.«

Ich setzte noch einen drauf: »Sogar dreimal! Einmal davon rückwärts.«

Er ging wortlos. Ich dachte noch eine Weile an den Camino aller Caminos nach, sozusagen die Mutter aller Pilgerwege. Er wurde bereits per Pferd geritten, per Fahrrad gesaust und gejoggt - alles schon da gewesen. Ich glaube mit der Draisine hat noch keiner den Camino bewältigt. Das schien mir aber nicht unbedingt eine Alternative für meine Zukunftspläne zu sein.

Kurz: Ich entschied mich für den Natursteig Sieg.

Nicht allzu weit vom Eingang des Siegburger Bahnhofes stand der erste Wegweiser. Ein weißes großes »*S*« auf gelbem Grund wies mir den Weg zum Natursteig. Die gelben Markierungen sind die Zuwege, also die Wege, die auf den eigentlichen Natursteig führen und die blauen Markierungen zeigen den Weg des Natursteigs.

Der Wegweiser am Eingang des Bahnhofes zeigte geradewegs in Richtung Siegburger Marktplatz. Ein paar Meter vor mir liefen Jugendliche wie ferngesteuert hinter ihrem Handy her, das sie in der rechten Hand vor sich hielten. Irgendwo gab es vielleicht auf Facebook oder Instagram den Aufruf: »Folget dem Handy!« Möglicherweise wird es in ein paar Jahren neue Behandlungsmethoden für den »Handy-Arm« geben. Junge Mädchen trugen dazu in der rechten Armbeuge noch eine modische Tasche, so dass es aussieht, als wolle der Arm mit dem Handy am Ende eigentlich gerade sein, aber die Tasche zöge die Armbeuge unweigerlich nach unten. Die Jugendlichen liefen zu zweit, zu dritt nebeneinander, den Blick jeweils fest auf ihr Handy. Sie bogen wie bei einem Synchronballett nach links ab und verschwanden in einem Geschäft, dort stellten sie sich hintereinander auf. Auch hier sehe ich am Eingang ein großes gelbes Zeichen, ein »*M*« allerdings auf grünem Grund. Nein, auf keinen Fall! Ich bin gesund unterwegs, ich will wandern und mich nicht mit einem plattgedrückten Fleischklops mästen. Obwohl … fast hätte ich nicht bemerkt, dass der Zuweg zum Natursteig nach rechts abbog. Er folgte der Sieg, die durch Siegburg etwas verschämt mäandert, kaum sichtbar, versteckt unter der Fußgängerzone durch. Ich wünschte mir, die Sieg könnte wieder völlig frei fließen. Das eine oder andere Geldinstitut würde dabei unterspült, die palastähnlich und in immer gleichem Baustil über Siegburg thronen: heller Beton mit Stelen, dahinter versteckt Glasaquarien mit einer Menschenart, die vornehmlich in kleinen schwarzen Kostümen oder Anzügen daherkommt. Knallgelbe Schwimmwesten, bei freier Unterspülung durch die Sieg, würden doch einen sehr schönen Farbtupfer auf der Einheitskleidung geben. Ich dachte kurz über ein Demo-Pappschild nach: »Her mit Farbe, weg mit Grau!«

Nun ja - jedenfalls käme es wohl nur so, wenn die Sieg durch Siegburg mäandern dürfte.

Ich begleitete den Fluß weiter und bildete mit meinem leuchtend grünen Rücksack sicher ein visuelles Kontrastprogramm: *Ninjaturtle im Kampf gegen das Grau*. Der Weg bog nach links ab und ein großes löchriges Wasserschaufelrad aus Metall und Holz wurde sichtbar. Als Siegburg noch ein Dorf war, mahlten die Menschen an dieser Stelle mit Wasserkraft das Korn, um später kleine Brötchen zu backen. Jetzt stand das Rad festgerostet und das Mühl-Haus wurde zu einer hippen Wohnanlage. Neben und über dem Mühlrad drücken sich Stahlbalkone mit Holzplanken aus dem Mauerwerk. Vor Jahren erlebte der »Mühlentopf« der Sieg, so heißt das Areal vor dem Schaufelrad, mal eine ganz andere Nutzung. Zu Ostern 2010 beschloß Pfarrer Joachim Knitter, von der benachbarten evangelischen Auferstehungskirche, dass er es mit der Taufe doch noch einmal ganz genau nehmen wollte. Das tat er natürlich auch sonst, aber bisher hielt er Säuglinge oder Kleinkinder weihevoll über das Taufbecken. Aber an diesem ganz speziellen Ostern wollten sich sechs Erwachsene taufen lassen. Eine ganz besondere Herausforderung für einen evangelischen Pfarrer. Das Wasser aus einer Karaffe über den Kopf zu gießen, war bei Erwachsenen etwas schwieriger. So kam der Pfarrer auf die Idee, die Täuflinge doch im Mühlenbach zu dippen. Das fanden die Täuflinge nicht so gut, denn man hätte zu dieser österlichen Jahreszeit und zu dieser speziellen Taufe einen Neoprenanzug gegen die Kälte gebraucht. Aber Pfarrer Knitter ließ nicht von der Idee ab und so marschierten die Täuflinge mit hängenden Köpfen hinter dem Pfarrer im warmen Talar und reformiertem Beffchen würdevoll im Gänsemarsch zum Mühlenbach. Die halbe Gemeinde trottete ebenfalls, mehr oder weniger andächtig, hinterher. Sie wollten sehen, ob der Pfarrer das tatsächlich durchzog. Die erwartungsfrohe Spannung stieg, je näher der Zug dem Wasser nahe kam. Am Mühlenbach, gegenüber von dem großen Schaufelrad angekommen, zog er wie durch ein Wunder einen Schöpfeimer aus der Sieg in die Höhe. Kein Mensch hat je erfahren, wo der Eimer herkam. Die Täuflinge gingen drei Stufen zum Bach hinunter. Es war die Osternacht und Fackeln erleuchteten die

Szenerie. Der Pfarrer schöpfte Wasser und ergoß es in einem Schwall über jeden Täufling und sprach die traditionellen Worte: »Ich taufe dich im Namen des ...« Es war genau zu sehen, dass die versammelte Gemeinde frenetisch applaudieren wollte. Man hielt sich krampfhaft zurück. Ein Täufling ließ sich nach dem Schwall kalten Wassers aus dem Bach zu einem »*Puhhh*« hinreißen und die Spannung der Gemeinde entlud sich in einem freundlichen Gelächter. Die Prozession schritt wieder zurück in die Kirche: ein Pfarrer, sechs nasse Häupter und eine kichernde Gemeinde hinten dran.

Mich brachte der gelb markierte Zuweg zu dem Berg, auf dem die Abtei Michaelsberg vor fast 1000 Jahren gebaut worden war. Um ganz korrekt zu sein - als Abtei des Benediktinerordens bestand sie seit dem Jahr 1064. Hunde begrüßten mich freundlich, tollten über die Wiese unterhalb der Abtei und dann sah ich den Grund dafür. Vor der Wiese stand ein großes Hinweisschild mit einem Hund, der auf einem Töpfchen saß. Darunter stand »Hundewiese.« Ich denke an den kleinen Pfad, der hinaufgeht in den abgelegenen, fast verwunschenen Johannisgarten. Ich habe vor längere Zeit einmal in Siegburg gewohnt und immer, wenn ich ein wenig Ruhe haben wollte, bin ich diesen kleinen Pfad hinaufgestiegen, gleich hinter der

Hundewiese. Er war sehr schmal und ging in einer Serpentine auf den Berg. Die schlossartige Abtei erhebt sich schließlich rund 40 Meter über der Stadt Siegburg. Senkrecht. Es gab eine kleine Pforte in der Klostermauer und durch die schritt ich ein. Ich fühlte mich irgendwie so, als ob ich etwas Verbotenes getan hätte und eine fremde, sonst verschlossene Welt betrat. Ich freute mich jedesmal, dass die kleine Pforte nicht verschlossen war, sonst hätte ich den Serpentinenpfad wieder unverrichteter Dinge hinabsteigen müssen. Aber die kleine Pforte stand immer offen. Zwei Bänke warteten auf mich im Garten, gleich vor einer Mauer mit einem kleinen Türmchen, dem Johannistürmchen. Die Tür zum Türmchen war oft verschlossen. Ich war natürlich neugierig und wollte wissen, was sich dahinter verbirgt. An einem Tag sah ich es. Es war so, als ob die Tür extra wegen mir aufgeschlossen wäre. Sie gab den Blick frei auf eine Madonna-Statue. Eine kleine Inschrift an der Innenseite der Holztüre verriet, dass diese Madonna Wünsche erfüllen könne. Natürlich wünschte ich mir etwas. Ich kann natürlich unmöglich sagen, was es war, denn wie Sie wissen, geht es sonst nicht Erfüllung. Die Tür mit der kleinen Madonna-Statue war all die Jahre wirklich nur einmal auf. Ich fragte mich, ob ein netter Benediktinermönch sie versehentlich aufgelassen hatte. Ich stellte mir vor Bruder - sagen wir Eusebius - hatte gesehen, wie ich immer wieder enttäuscht vor der verschlossenen Tür stand. Als er mich wieder einmal ganz mühsam den kleinen Pfad herauf kommen sah, hob er schnell seine Mönchskutte und sauste zu dem kleinen Turm, um die Tür des Türmchens aufzuschließen. Unserer beider Freude muß an diesem Tag sehr groß gewesen sein. Ich danke an dieser Stelle Bruder Eusebius ganz herzlich. Nachdem ich nun an der kleinen Madonnafigur einige dringliche Wünsche losgeworden bin, so in etwa:

»Bitte, lass mich am Wochenende im Lotto gewinnen, ich brauche die Million wirklich sehr dringend. Ich muss unbedingt eine Hütte auf den Bahamas haben, aus gesundheitlichen Gründen, weil mir das rheinische Klima nicht so gut bekommt …«

Für jemandem, dem nichts unmöglich ist, sind das doch eher bescheidene Wünsche, befand ich. Aber ich sagte es ja schon, dass ich meinen wahren Wunsch hier nicht verraten darf. Wegen der erforderlichen Erfüllung. Ich warte immer noch darauf. Vermutlich liegt es aber daran, dass der bescheidene Wunsch noch nicht erfüllt ist, weil jemand anderes auch eine solchen Wunsch hatte und die Madonna nur der Reihe nach die Wünsche erfüllen kann. Ist ja klar. Jetzt weiß ich leider nicht, wann ich dran bin. Möglicherweise hätte es mir damals einer der Mönche sagen können, aber die Benediktinermönche sind nach 964 Jahren nicht mehr da. Im Jahre 2011 haben sie die Abtei aufgegeben, wegen Mitgliederschwund und weil die Kosten für die Erhaltung dermaßen hoch gewesen sind, dass die Abtei Michaels so nicht mehr zu halten war. Eine lange, eine sehr lange Geschichte ging zu Ende.

Im Jahre 1064 gründete der Kölner Erzbischof *Anno II.* die Benediktinerabtei. Er regierte von Siegburg aus über Köln und machte sich vor allem bei den Kölner Kaufleuten wirklich nicht beliebt, so dass es sogar zu einem Aufstand der Kölner gegen den verhassten Erzbischof in Siegburg kam. Aber, kein Grund zur Sorge, er wurde nach seinem Tod trotzdem heiliggesprochen. Seine Gebeine sind noch heute im Annoschrein der Abteikirche zu sehen. Der scheint mir fast so prächtig wie der Schrein der »Heiligen Drei Könige« im Kölner Dom. Jedenfalls schienen genug Gold und Edelsteine in der Schatzschatulle gewesen zu sein, damit es ordentlich funkelt. Die Geschichte auf dem Michaelsberg war und ist bis heute sehr wechselhaft. Die Schweden guckten mal vorbei, besetzten die Gegend und machten eine Festung draus. Dann wurde das Gemäuer ein Gefängnis, später eine Irrenanstalt, wie man damals sagte, und nun ist das »Katholisch Soziale Institut« von Bad Honnef auf den Michaelsberg gezogen.

Als im Jahre 2011 das letzte Inventar aus den Klosterzellen verkauft wurde, drängelten sich die Menschen vor der Eingangspforte. Der junge

Benediktiner, der alles ruhig, die Betonung liegt hier auf *ruhig*, abwickeln sollte, war völlig überfordert. Ich sah eine Frau, die zerrte gleich drei Holzkreuze in der Größe eines Schrankkoffers aus den Zellen nach draußen. Der junge Benediktiner sagte gerade noch den Preis. Ich habe es nicht genau gehört, aber ich glaube »Zehn Euro« gehört zu haben und schon drängelte der nächste Fledderer nach draußen, in der Armbeuge zwei Gebetsstühle. Hier wurde offenbar versucht Geld zu machen, denn wer verwendet schon zwei Gebetsstühle gleichzeitig?

Ich schritt durch die leeren Gänge der Abtei, die Türen der Zellen standen auf, an der Wand die Abdrücke der Kreuze, die dort vermutlich hunderte Jahre gehangen hatten. Ausgehöhlt, verwundet und tot wirkten die Zellen, die Jahrhunderte angefüllt waren mit spirituellem Leben. Jetzt sind »Unbeschuhte Karmeliter« aus Indien geholt worden. Alle sechs indischen Mönche tragen Sandalen mit Wollsocken.

»Sind traditionell keine Schuhe«, sagte mir einer der Mönche in gebrochenem Deutsch-Englisch. Der Mini-Karmelorden, zumindest was die Anzahl in Siegburg angeht, zog in das Gästehaus der ehemaligen Benediktiner-Abtei. Geführt wurden sie von Prior Pater Austin, einem kleinen sehr freundlichen indischen Ordensbruder. Prior Pater Austin lächelte mich an.

»Wir freuen uns sehr hier zu sein.«

Nun ja - was hätte er auch anderes sagen sollen. Die Unbeschuhten Karmeliter leben in dem Gästehaus sehr zurückgezogen und haben ihren festen Rhythmus im Tagesablauf. Zu sprechen sind sie zwischen 18 und 20 Uhr. Außer an ihrem großen Karmeltag! Das ist jeder erste Samstag im Monat. Der Karmeltag ist so etwas wie der verkaufsoffene Sonntag, da haben sie schon von 9.30 Uhr an Zeit. Aber nur bis 20 Uhr, dann schließen sich wieder die Pforten des neuen Gäste-Karmel-Hauses. Prior Pater Austin sauste später wieder davon und zwar in Richtung Schweiz. »Das wär' so«, hieß es offiziell vom Orden aus. Man solle sich offenbar nicht zu schnell, wie beispielsweise die Benediktiner, mit ihrer mehr als 900 Jahren Verweilzeit, heimisch fühlen. Denn ratzfatz ist der Orden nachher aufgelöst. Kennt man ja. Haben die Siegburger gesehen.

Nun heißt der neue Prior Pater Dr. Antony Kavungavalappil. Das kriegt der Siegburger natürlich nicht so leicht über die Lippen. So heißt es nur kurz »Pater Dr. Antony.« Möglicherweise ist der aber bald wieder weg. Vor allem, wenn jemand mitbekommt, wenn er sagt: »Das ist aber schön hier!« Und zack - *fott iss er.*

Der Michaelsberg ist für die neuen Mönche kein Problem. Berge sind den Karmelitern vertraut. Sie wurden zu Beginn des 13. Jahrhunderts an einem Berg gegründet. Nun wie könnte er heißen? Richtig ... »Karmel.« Die höchste Erhebung ist dort der *Rom Carmel* mit 546 Metern. Also ein wenig höher als der Siegburger Michaelsberg. Damals lebten an dem Berg Karmel oder besser gesagt in dem Karmel-Gebirge etliche Eremiten und die schlossen sich schließlich zu dem Orden der Karmeliter zusammen.

Ich blickte noch einmal vom Johannisgarten ein wenig wehmütig über Siegburg. Die Abtei gibt einem immer noch das Gefühl auf einer Insel, außerhalb der Welt, zu sein. Mittlerweile ist der große Baukran über der Abtei verschwunden, der drohte, das neue Wahrzeichen von Siegburg zu werden. Jetzt drückt ein grauer Klotz aus der Seite der alten Abtei, wie ein Geschwür im alten Gemäuer, eine Straße wurde durch die Wiese unterhalb gepflügt, damit die Bediensteten und Seminarteilnehmer des Erzbistums bequem bis an ihre Büros und Tagungsräume gelangen. Räume in denen vorher die Bescheidenheit und Schlichtheit zuhause war. Wie sagte noch der heilige Benedikt von Nursia:

»Es ist für uns an der Zeit aufzuwachen und uns zu erheben.«

Demut hat er übrigens ganz groß geschrieben. Nun ja, auch die Karmeliter, die Unbeschuhten tragen Socken in den Sandalen. Ich werfe noch einen Blick in die Klosterkirche und genieße die Stille und kann mich noch gut daran erinnern, wie die alten Mönche hinterm Altar im Halbrund saßen, andächtig, ehrfurchtsvoll, gebeugt durch ihr Alter und in Dankbarkeit. Die bunten Kirchenfenster in Blau und Rot warfen warmes Licht in die Apsis. Ein friedliches Bild, das es so nicht mehr geben wird. Ich trollte mich und verließ die Kirche, stieg wieder hinunter vom neuen Siegburger Karmel. Diesmal musste ich über den normalen Zufahrtsweg, am Gästehaus vorbei. Ich blieb kurz stehen, in der Hoffnung ein gemurmeltes Gebet zu hören, aber es blieb still. Ich schritt weiter und bog um den Rosengarten herum, der tatsächlich voller Rosenblüten war. In diesem duftenden Garten feierte manchmal die evangelische Gemeinde aus Siegburg Openair-Gottesdienste mit Klampfe und Pfarrer. Am Fuße der Katholikenfestung war das geduldet. Das hatte ein wenig Tradition. Im Krieg war die evangelische Kirche in Siegburg völlig zerstört worden und die Benediktiner erlaubten der abtrünnigen Konfession in ihrer Kirche Gottesdienste abzuhalten. Eine Ökumene aus der Not der Zerstörung durch den Krieg geboren. Hinter dem Rosengarten bog der Weg im scharfen Winkel nach rechts und ich steuerte auf den *Hexenturm* zu. Das runde Gemäuer heißt zwar so, ist aber eher ein Spitzname, denn in oder an ihm sind nachweislich niemals sogenannte Hexen getötet worden. Das gilt natürlich nicht für Siegburg. Ab dem Jahre 1636 sollen 32 Frauen und fünf Männer gefoltert und qualvoll getötet worden sein. Der ganze Wahn dauerte in Siegburg rund zwei Jahre. Der Hexenturm hat somit schon einen wahren historischen Hintergrund.

Ich erreiche nach dem Abstecher in die Abtei den Natursteig wieder. Ein kurzes Stück musste ich die Straße entlanglaufen, bevor es auf kleinen versteckten Pfaden entlang Siegburger Hinterhaus-Gärten ging. Der Weg endete abrupt an der Rückfront des Hotels »Siegblick.« Unvermittelt stand ich auf einem Parkplatz, wie ein aus dem Wald gefallener Troll. Ich fühlte mich unbehaglich, so direkt aus dem Wald gestolpert, einen großen leuchtend grünen Rucksack auf dem Rücken und dicke Erdklumpen an den Wanderschuhen. Das letzte Stück des Pfades war doch ein wenig feucht. Ein paar Autos standen auf dem Parkplatz und ich wusste gerade nicht so recht …

»Gehen Sie einfach gerade aus«, hörte ich hinter mir.

Die Tür des Hotels füllte ein Mann in Arbeitshosen aus.

»Natursteig, neeeh!«, sagte er halb triumphierend. Ich nickte, winkte und wies selbst mit der Hand noch einmal ungläubig in die Richtung, die er angab, denn die führte geradewegs zwischen zwei parkenden Autos durch.

»Ja - gehen Sie da durch, dass ist viel schöner und dann links unter der Brücke durch. Das sehen sie schon!«

Ich bedankte mich und sah, nachdem ich die Autos passierte, einen verwilderten Mini-Golfplatz. Oder sagen wir mal so: Es gab offenbar schon lange kein Minigolf-Turnier in der Anlage. Ich stieg vom *Wolsberg* herunter, denn darauf war das Hotel »Siegblick« gebaut. Die Brauerei Clarenz hatte in diesem Felsen, auf dem das Hotel steht, ihren Lagerkeller für Bier, der im Winter mit dem Eis der umliegenden Seen bestückt wurde. Die kalten Eisbrocken konnten durch einen Schacht einfach auf die Bierfässer geworfen werden. Eine Mammut-Tiefkühltruhe. Tatsächlich hielt sich das Eis bis zum nächsten Winter, als wieder neues Eis in den Schacht geworfen wurde. Kühlschränke gab es zu der Zeit, vor 1916, eben noch nicht. An dieser Stelle spielt auch die Sage vom »Schmied am Wolsberg«, der nach getaner Arbeit auf der Wiese des Wolsberg eingeschlafen war. Ein alter Ritter weckte ihn etwas unsanft und führte ihn zu einem unheimlichen Schloss im Wald. Alle anderen Ritter in diesem Schloss schliefen tief und fest und in der Halle standen viele Pferde. Der alte Ritter befahl dem Schmied nun die Pferde neu zu beschlagen. Bis zum Morgen solle er mit der Arbeit fertig sein. Eigentlich nicht zu schaffen, aber irgendwie (ist halt ein Märchen!) klappte das. Als Lohn bekam er aber lediglich die alten Nägel vom Beschlag der Hufe. Die Enttäuschung war groß, aber er traute sich nicht zu meckern, ging wieder zur Wiese und schlief erneut ein. Als er aufwachte, erinnerte er sich an den Alptraum, den er gehabt hatte. Neben ihm lag ein Säckchen und als er es öffnete, waren darin Hufnägel aus purem Gold. Soweit die Sage. Ich überlegte an der Stelle, ob ich mich vielleicht ein wenig auf die Wiese legen sollte. Mir fiel dabei ein, dass ich höchstens einen Nagel in die Wand schlagen kann. Was einfach ist, weil die Wand sich nicht, im Gegensatz zu einem Huf, bewegt. So wanderte und träumte ich weiter.

Ich ging ein wenig unterhalb der Autobahn, mit ihrem ewig gleichen an und abschwellenden Geräuschpegel, vorbei an einigen Bienenstöcken … Wer stellt an der Autobahn Bienenstöcke auf?

»Kaufen Sie hier den frischen Honig, heute mit Kohlenstoffdioxid-Geschmack. Den Geschmack, den Sie kennen!«

Nachdem ich schließlich die Autobahn unterquert hatte - Unterführungen riechen immer gleich muffig - ging es geradewegs zwischen Feldern hindurch auf einen Gebäudekomplex zu, der sich am Horizont abzeichnete. Der Weg heißt »Alexianerallee« und stößt direkt am Ende auf ein schmiedeeisernes Tor. Dahinter verbirgt sich das »Haus zur Mühlen«. Wie der Name erkennen lässt, war es einmal ein Mühlenanwesen. Die Tuffsteingebäude wurden erstmals in der Abtei Michaelsberg bereits im Jahr 1312 erwähnt. Im 19. Jahrhundert taucht es schließlich als Rittergut auf. Möglicherweise hat sich der Müller als rheinischer »Don Quichote« einen Teller auf den Kopf gesetzt und sich zum Ritter erklärt. Der Ritter hieß *Johann von Attenbach* und sein Helm war wohl vermutlich tatsächlich einer. Die von Attenbachs starben aus. Heute sind keine Ritter mehr im Haus zur Mühlen, sondern bürgerliche Senioren. Der Alexianer-Orden kaufte das Gut im Jahre 1930 für 300.000 Goldmark und funktionierte es zu einem Seniorenheim um. Dabei dachten die Ordensbrüder an vieles, was der Senior so anstellen könnte. Es fehlt beispielsweise nicht einmal eine Bushaltestelle, obwohl am Haus zur Mühlen gar keine Buslinie verkehrt. Die Bushaltestelle ist mit einer überdachten Bank, einem großen gelben Schild und mit einem »H« drauf ausgestattet. Der vermeintliche Busstopp ist sozusagen eine Senioren-Auffangstation, denn niemals kommt an der Stelle ein Bus vorbei. Alzheimerpatienten, die gerne schon mal ausbüxen und in die nächste Stadt fahren wollen, warten auf der Bank auf den nächsten Bus. Irgendwann kommt statt des Busfahrers ein Krankenpfleger vorbei und erklärt ihnen, dass heute der Bus *leider* ausfällt. Vielleicht weil er einen Platten hatte oder der Ticketautomat nicht funktioniert. Jedenfalls sind auf die Art und Weise alle zufrieden. Die Senioren haben immer wieder das Gefühl, sie könnten jedenTag in die weite Welt hinausfahren und dem Seniorenheim kommt so kein Alzheimerpatient abhanden. Praktisch.

Kurz vor dieser Haltestelle kam ich noch an einem Heiligenhäuschen vorbei, das an einen Mord erinnert. In der Inschrift heißt es:
»Zur Erinnerung an die Ermordung des Knaben Johänneken um das Jahr 1287.«
Es scheint sich dabei um einen Ritualmord gehandelt zu haben. Kreisarchivar Heinrich Linn hatte dieses Thema »Ritualmord oder nicht?« recherchiert. Die Geschichte ist folgendermaßen überliefert: Johänneken oder auch Johännchen wird auf seinem Schulweg von Troisdorf zum Minoritenkloster in Seligenthal niedergestochen. Wie es heißt, sollen das Juden gewesen sein. Beim Haus »Zur Mühlen« haben sie ihn dann verscharrt. Dumm nur, dass ein Schweinehirt mit seinen Schweinen durch die Gegend zog und eines seiner Schweine wühlte die Erde auf und machte den grausigen Fund. Irgendwie, wie genau weiß man nicht, wurde die Mutter des Johänneken ausfindig gemacht. Sie lässt die Leiche abholen und nach Troisdorf bringen, wo er bestattet werden sollte. Soweit die Überlieferung, wie sie im 17. Jahrhundert erzählt

wurde. Allerdings ist das schon fast 400 Jahre nach dem Mord. Kann man da wirklich wissen, was vorgefallen ist? Weitere Hundert Jahre später, im Jahre 1837, hatten die Bewohner des Hauses »Zur Mühlen« die Nase voll von der Geschichte. Vor allem, weil erzählt wurde, dass die Juden dem Johänneken aufgelauert hätten, »um Christenblut zu bekommen.« Immer wieder wurde von solchen Ritualmorden berichtet. Am bekanntesten sind dabei die Geschichten von der Ermordung des *Werner von Bacharach* oder *Werner von Womrath* aus dem Hunsrück. Einer aktuelleren Forschung zufolge fiel Womrath einem Sexualverbrechen zum Opfer. Den Juden wurden die Ermordung angelastet, um die Verbrechen zu vertuschen.

So wurde beispielsweise auch *Simon von Trient* 1475 in Trient ermordet. Anders als bei Johänneken sind im Falle des Simon viele Prozessakten erhalten. Mehr als zehn Juden wurden verhaftet und gefoltert, mit dem Ziel, die Geständnisse über den Ritualmord zu bekommen. Vierzehn Juden wurde hingerichtet und einige starben schon vorher unter den extremen Haftbedingungen. Solche angeblichen Ritualmorde dienten immer dazu, brutal gegen Juden vorzugehen. Aber kein einziges Mal konnte den Juden ein Mord nachgewiesen werden. So wie eben auch im Fall des Johänneken. Der Kreisarchivar Linn wies darauf hin, dass im gleichen Jahr der Ermordung des Johänneken, am 4. September 1287, in Siegburg achtzehn Juden ermordet worden waren. Linn äußerte die Vermutung, dass es nie einen Johänneken gegeben habe, somit keinen Mord und keine jüdischen Täter. War es eine Geschichte, um gegen die Juden vorzugehen?

Ich stand jetzt lange genug vor dem Gedenkkreuz des Johänneken, bog an einem kleinen Garten der Alexianer-Einrichtung vorbei, der zu der Anlage des Seniorenheimes gehört und trat in den Wald. Der vertraute Duft des Waldes stieg wieder in meine Nase. Ein schmaler Pfad zog sich mitten durch das Meer der Bäume. Und ich überließ mich nur noch meinen Gedanken und den immer gleichen Schrittlängen, die sich mit dem Atemrhythmus vereinigten. Drei Schritte einatmen, drei Schritte ausatmen. Das erinnerte mich ein wenig an japanisches *Kinhin*, die Gehmeditation. Es ist schon ein paar Jahre her, als ich in Japan war. Ich wollte Hiroshima und den Friedenspark sehen, dem Mahnmal gegen die Atombombe. Und ich wollte tief in die japanische Kultur eintauchen, was für mich Shinto und Zen bedeutete. Shinto ist die ethische Religion der Japaner mit vielen Naturgöttern und Zen ist eine japanische Ausprägung des Buddhismus. Ich wollte damals unbedingt in ein Zen-Kloster. Natürlich hatte ich viel über Zen gelesen, aber es ist ein wenig so, als würde einem Schokolade beschrieben. Man weiß viel über die Schokolade, wie sie gewonnen wird, welche Sorten es gibt und so weiter. Aber erst wenn man das Silberpapier von einer Tafel Schokolade abgewickelt hat, die Süße riecht und hineinbeißt, begreift man den Geschmack. Ich musste einfach in die Zen-Schokolade beißen. Auf keinen Fall, so hatte ich beschlossen, in Kyoto, der zweiten ehemaligen Hauptstadt Japans. Es ist so, dass es viele Tempel und Klöster in Kyoto gibt. Ein westlicher Zen-Anhänger oder Esoteriker, der etwas auf sich hält, muss nach Kyoto.

»Wo warst du denn dieses Jahr?«
»Ich war mal in ′nem Retreat, so einer spirituellen Ruhepause ... in Kyoto.«
»Ach was!«
»Ja, das hat wirklich etwas mit mir gemacht. Ich bin jetzt völlig relaxt.«

Vom Burnout sprach man noch nicht. Der Arbeitnehmer war allenfalls mal müde vom Job. Einen solchen Retreat-Dialog wollte ich in Japan auf keinen Fall. Mich hat wirklich die alte Kultur interessiert und die ist nun mal stark mit dem Buddhismus und Shintoismus, dem Glauben an die Beseeltheit der Natur verwoben. So suchte ich damals mit dem Finger auf der Landkarte meines Atlasses, im Hiroshima ken - wegen der Atombombe - ein Kloster. »*Ken*« nennt der Japaner die einzelnen Bezirke oder besser gesagt Präfekturen. Wo komme ich an? Der Flughafen von Osaka schien die richtige Wahl zu sein. Gut. Von dort aus sollte es dann weiter in Richtung Hiroshima gehen. Auf dem Weg rutschte mein Finger auf ein kleines, klitzekleines Kloster in den Bergen von Fukuyama zu. Im Internet versuchte ich herauszufinden wie es auf Japanisch heißt: »Mirokunosato Shinsho-ji Kokusaizendo.« Die Adresse war schnell gefunden (ok - ein netter Japaner, Katsuaki hieß er, hatte mir geholfen) und ich schrieb natürlich den Abt an, in der Hoffnung, dass er Englisch konnte.

Nun - hier war gleich meine erste Zen-Übung: Ausharren, Geduld und jeden Tag in den Briefkasten gucken. Es dauerte eine Weile bis die Antwort per Post aus Japan kam. Ganze sechs Wochen. Nun ja, der Weg von Japan ist weit. Ich stellte mir den Transportweg meines äußerst wichtigen Dokumentes vor. Ganz besonders die ersten Kilometer, vom Kloster aus mit einem Boten in Holzsandalen in das nächste Dorf, quer durch den Berg-Dschungel. Zen-Mönche haben keine Angst vor den Gefahren der Natur, heißt es. Dann ins nächste Fischerdorf, von dort gelangte mein Brief vermutlich mit einem kleinen Fischerboot bis zum nächsten Hafen und mit einem Fischtrawler bis Osaka. So musste es gewesen sein.

Es war ein *Luftpostbrief*, der mich schließlich erreichte. Ich drehte ihn ehrfurchtsvoll in meinen Fingern, suchte ein besonders scharfes Messer, um ihn vorsichtig zu öffnen, roch daran und bildete mir ein, ein wenig Sandelholz von Räucherstäbchen zu riechen.

»Dear friend Mr. Mülfarth«, schrieb der Abt.

Ich war gerührt. Hatte ich doch nur geschrieben, dass ich ein Suchender sei und gerne einmal die Quelle des Zen-Buddhismus kennenlernen möchte. Jetzt war ich ein »friend« oder sagt man Zen-friend? Nein, das ist natürlich Un-zen. Er schrieb, dass ich gerne kommen könne und hatte mir noch einen Zettel beigelegt, der in Japanisch geschrieben war. Nur Schriftzeichen von oben bis unten. Diesen Brief solle ich vorlegen, wies der Abt mich auf Englisch an, wenn ich Probleme haben sollte, zum Kloster zu kommen. Das fand ich ziemlich geschickt und es war tatsächlich hilfreich wie ich später in Japan feststellen konnte.

Ein paar Wochen später hatte ich mir eine Auszeit vom Job genommen und es ging los. Als ich auf dem Internationalen Flughafen »Osaka Itami«, nach einem mehrstündigen Flug und wenig Schlaf ankam, hatte ich mit der Verständigung in Englisch keine Probleme. »Trainstation?« Wo war die richtige Bahnstation? Am

Informationsschalter gab mir die junge Japanerin in blauer Uniform bereitwillig, mit einen Lächeln und wiederholtem Nicken Auskunft. Ich begann ebenfalls zu nicken. Das muß etwas mit den Spiegelneuronen zutun haben: Nickt jemand im Abstand von unter 80 cm vor dir, fängst auch du an zu nicken. Irgendwann bemerkte ich, dass ich einem Wackeldackel nicht unähnlich war. Ich fand den Bahnhof und auch die richtige Richtung nach *Fukuyama*. Das war das Ziel. Egal, ob es jemand wissen wollte oder nicht, sobald ich ins Gespräch mit anderen Touristen kam, sagte ich:

»Ich bin auf dem Weg in die Berge von Fukuyama, in den Dschungel und einem einsamen, äußerst, um nicht zu sagen eigentlich unmöglich zu findenden, schwer zugänglichen Zen-Kloster.«

Das beeindruckte immer und war von mir durchaus so beabsichtigt. Ich fühlte mich dann dadurch in der jeweiligen Gruppe Menschen besonders. Ein wenig arrogant. Was die Japaner übrigens überhaupt nicht mögen. Sie haben ein Sprichwort:

»Wenn ein Nagel herausschaut, muß er gleich mit den anderen gehämmert werden.«

Frei übersetzt. Nun »der lange Nagel« saß im Zug und zwar im *Sanyo-Shinkansen*. Im Zug ließen viele Japaner die Köpfe hängen und schliefen, während andere in Mangas vertieft waren, diese Kulleraugen-Cartoons für Erwachsene. Okay - ich gebe es zu, ich habe bei meinem Vordermann gespinkst und muss sagen, die gezeichneten Mangamädchen sehen schon sehr niedlich aus, selbst wenn sie, so wollte es wohl der Zeichner, grimmig dreinsehen.

Fukuyama-Station war schnell erreicht, ich schulterte meinen Rucksack und betrat die Station. Einen Bahnbediensteten, den ich auf dem Bahnsteig sah, fragte ich in Englisch, ob er wisse, wie ich am besten zum Shinsho-ji Kloster käme. Er nickte: »Hai, Hai, Hai.« Das half nicht besonders. Aus meiner Jackentasche holte ich den Brief des Abtes heraus und zeigte ihn. Seine Augen begann zu leuchten und seine Verbeugung nahm sichtlich an Winkel ab in Richtung Boden. Ich tat es ihm gleich. Schließlich will man ja nicht unhöflich sein. Es kam fast zu einem Zusammenstoß der Köpfe. Japaner sind da offensichtlich trainiert und erfahren, um Beulen zu vermeiden. Er gab mir mit zwei Händen den Brief zurück, als sei es ein hochwichtiges Dokument (was es natürlich auch war, keine Frage) und wies mir den Weg zur Busstation. Er zeigte mir, welchen Schriftzeichen ich folgen möge. So schwer war das ganze Unterfangen allerdings nicht, denn ich brauchte nur aus dem Gebäude herauszutreten und stand schon vor einer großen Armada von Bussen. Alle mit japanischen Schriftzeichen auf den Anzeigetafeln. So blieb mir wieder nichts anderes übrig, als mit meinem

Zauberbrief von Busfahrer zu Busfahrer zu pilgern. Bei der sechsten Buslinie hatte ich schließlich den Richtigen gefunden. Der Fahrer mit weißen Glacéhandschuhen thronte am Steuer, sah kurz auf den Brief: »Hai, Hai, Hai«, sagte er sehr freundlich, natürlich nickend und deutete mit der Hand auf einen leeren Sitzplatz hinter ihm. Zur Bestätigung deutete ich auch noch einmal auf den Sitzplatz und ein weiteres freundliches Nicken gab mir Bestätigung. Ich fand die Japaner sehr nett, in ihrer freundlichen und höflichen Art.

Wir schaukelten mit dem Bus wenig später durch die Landschaft, irgendwann ging es Richtung Berge und die Seitenränder der Straße wurden schlicht und ergreifend grüner, die Bäume höher, die Wälder dichter. Bambus reckte sich in die Höhe und gab manchmal den Blick frei auf Reisfelder mit kleinen Hütten dazwischen. Es roch grüner, feucht und modrig. Als ich den Geruch intensiv wahrnahm, schaute ich mich vorsichtig im Bus um. Wurden meine Blicke bemerkt, führten sie zu einem freundlichen Lächeln und Kopfnicken als Reaktion. Als der Bus wieder einmal hielt, drehte sich der Fahrer nach mir um, machte die Einstiegstür neben sich auf und wies mit seinen Glacéhandschuhen in Richtung der Türöffnung. Aussteigen, das war klar. Ich nickte. Er nickte. Ich drehte mich zu den Mitreisenden um und sie lächelten und nickten. So nickte ich auch noch einmal in ihre Richtung. So hätte das noch eine Weile weitergehen können, wäre ich nicht ausgestiegen. Es war keine Haltestelle! Der Bus war auf offener Strecke stehengeblieben. Gegenüber der Stelle, wo er gehalten hatte, öffnete sich ein schmaler Pfad in den Wald hinein, ein umranktes Dschungeltor mit tausend Geheimnissen. Ich blickte mich noch einmal um, aber der Fahrer nickte freundlich, um mir Mut zu machen. Offenbar erkannte er meine Skepsis und wies in Richtung des Pfades. Das war eindeutig, obwohl mich ein mulmiges Gefühl beschlich. Mittlerweile setze schon die Dämmerung ein. Die Tür des Busses schloss sich hinter mir mit einem lauten Schnappgeräusch, das durch die Gummipuffer an den Türenden erzeugt wurde. Der Bus fuhr an und verschwand nach einer Weile hinter einer Bergkuppe.

Ich war allein. Ziemlich allein. Ich war müde. Ich hatte Hunger. Ich wollte wieder nach Hause zurück. »Das war wirklich eine blöde Idee«, dachte ich bei mir, in ein ganz fremdes Land zu fahren, in dem man sich noch nicht einmal wirklich verständigen konnte, geschweige denn lesen.

Ich stand da, wie mich der Bus ausgeworfen hatte und blickte auf den dunklen Pfad vor mir. Egal wie ich mich entscheiden würde - nach Hause zurück oder hier bleiben - diese Nacht musste ich erst einmal ein Bett finden. Ich setzte einen Schritt vor den anderen und war in dem Augenblick nicht gerade der glücklichste Mensch. Lichter schimmerten nach etwa einem Kilometer, die Umrisse von Häusern, eher von Hütten zeichneten sich zwischen den Bäumen ab. Es war nicht der ersehnte Tempel und damit nicht mein Bett. Ich ging auf eines der ersten Häuser zu und klopfte an den Türpfosten, eine Klingel oder einen Klopfer suchte ich vergeblich. Die Schiebetür, die fast die gesamte Außenwand bildete, öffnete sich eine Spalt. Ein älterer Japaner in dem typischen Hauskimono *Yukata*, in dem auch durchaus geschlafen wird, steckte seinen Kopf und dann seinen Oberkörper aus dem Spalt. Vorsichtig. Dann sah er die Langnase, die an seinen Hauspfosten geklopft hatte. Er fixierte mich ungläubig. Wenn er schon ein Schlümmerchen gemacht hatte, überlegte er sicherlich, in welchem Zustand, wach oder träumend, er sich gerade befand. »Konbanwa!«, sagte er dennoch freundlich. Seine Augen wurden in dem Moment größer. Ich antwortete mit einem flüssigen »Ähhhh … .« Ich hätte doch eine Japanischkurs belegen sollen. Jetzt war es zu spät. Ich kramte wieder meinen Zettel mit den japanischen Schriftzeichen hervor und hielt ihn dem Mann mit einem gepflegten Kopfnicken hin. Er nahm das Papier mit beiden Händen und überflog es, wobei er immer wieder nickte. Dann sah er mich an,

sah den Zettel an und sagte mit einem Lächeln: »Hai.«
Das kannte ich schon. Ich lächelte zurück und nickte
meinerseits. Nun begannen wir das Wackeldackelspiel.
Ich konnte nicht anders als lachen. Glücklicherweise
wurde es erwidert. »Hai, Hai, Hai.« Genug der Worte
gewechselt. Man schritt zu Taten.

Er ging durch den Spalt in der Tür wieder rein und
kam wenig später, angezogen mit einer weiten Hose
und einem dunkelgrauen Überhang wieder raus,
verschwand hinter dem Haus. Das Geräusch eines
Rasenmähers war zu hören, und dann sah ich das
Gefährt, aus dem das Geräusch kam. Ich musste nicht
mit einem Rasenmäher den Weg entlangfahren, sondern
in einem dreirädrigen Lieferauto. Es lief vorne spitz zu
und bildete die Abdeckung für das Solorad und
irgendwo darüber musste der Rasenmähermotor
eingepasst worden sein. In einer winzigen Fahrerkabine
saß mein neuer japanischer Freund, kurbelte die
Windschutzscheibe herunter und deutet auf die
Ladefläche, die kaum ihren Namen verdiente. Von den
Maßen her hätte sich ein Sack Reis darauf sehr wohl
gefühlt. Er hätte es äußerst komfortabel gefunden. Ich
schwang mich auf die Ladefläche und stellte fest, dass
für mich und meinen Rücksack zusammen kein Platz
war. Das Gefährt heulte auf und setzte sich in
Bewegung. Ich legte mich auf den Rücken und

klammerte meinen Rucksack auf dem Bauch fest. Es sah mich ja keiner.

So tuckerten wir gemächlich den Berg hinauf, auf einem äußerst schmalen Pfad. Schmaler als jetzt auf dem Natursteig, den ich bei diesen Erinnerungen gerade zwischen den hohen Tannen hindurchging. Damals sah ich keine kahlen Stämme und konnte nicht bis in die dreißigste oder vierzigste Tannenreihe sehen. Links und rechts des japanischen Wegs gab es keinen Durchblick und das hatte nichts mit der Dämmerung zu tun. Ich dachte an »Vertikal Gardening«, das gerade bei uns in Europa als eine Möglichkeit aufkam, Häuser interessant zu begrünen, um nicht nur Goldregen, Wein oder Efeu die Wände hochkrabbeln zu lassen. Dieses vertikale Grün, was ich von der Ladefläche aus sah, kam vom Boden und baute einfach eine grüne Wand. Es gab einem das Gefühl, durch einen grünen Tunnel zu fahren. Auch die Baumkronen bildeten ein dichtes Dach über dem schmalen Weg. Ich spürte wie der Rucksack an mir klebte. Eine dünne feuchte Schicht bildete sich zwischen meinem Rucksack und dem T-Shirt. Die Luft war warm und kondensierte offenbar an meinem Rucksack. Ich stellte mir gerade vor, wie ich vor dem Abt des Zen-Tempels stünde:

»No Sir, no rain, my Rucksack had … .«

Nein, das würde komplett in die falsche Richtung gehen. Auf der anderen Seite hätte ich vielleicht den sprichwörtlichen Gleichmut eines Zen-Mönchs erfahren können. Wir stoppten. Ich sah über die klitzekleine Ladewand, wie gesagt einen Sack Reis hätte sich bequem abstützen können, mein Fahrer lehnte sich aus dem Fenster und wies mit einem, wie könnte es anders sein »Hai, Hai«, nach vorne. Der helle Kies auf dem Boden leuchtete und am Ende der Kiesfläche erhob sich schemenhaft ein Gebäude. Mein Rucksack und ich schwangen uns von der Ladefläche, weit davon entfernt dies leichtfüßig zu tun, und bedankten uns brav bei dem Chauffeur mit ordentlichem, mehrfachen Nicken. Der Fahrer nickte ebenfalls, lächelte und drehte sein Gefährt um. Schließlich verschwanden die zwei winzigen Rückleuchten in der Dunkelheit wie Glühwürmchen am Abend.

Wieder stand ich alleine da. Diesmal am anderen Ende des Weges. Der weiße Kies unter meinen Füßen knirschte bei jedem vorsichtigen Schritt. Das Gebäude hatte das typische geschwungenen Dach, wie es überall im asiatischen Raum zu finden ist. Davor eine kleine überdachte Holzterrasse und die großen Schiebewände, hinter denen schwach ein Licht schimmerte.

Ich war vorbereitet auf das was mich erwarten sollte. Die »Einlassrituale« hatte ich nachgelesen. Der geneigte Europäer würde natürlich anklopfen, zunächst leise und dann lauter, fordernder.

»Hallo, ich bin den weiten Weg aus Deutschland gekommen, um bei euch Zen zu lernen.«

Der Mönch wäre tief beeindruckt gewesen.

»Ahhh - aus Deutschland, so ganz weit, aber selbstverständlich, wir haben hier die Klostersuite für deutsche Gäste und ich bringe gleich das köstliche Abendessen. Handtuch und Seife sind schon auf dem Zimmer und die Betten sind frisch bezogen. Wenn Sie Wünsche haben, läuten Sie einfach.«

Aber ich wußte ja Bescheid! Haha!

Dachte ich. Ich musste warten und zwar auf der Türschwelle. Das ist so, als ob man bei der schwerhörigen Großmutter klingeln würde und zwar in regelmäßigen Abständen. Man hört sie drinnen hantieren, mit Töpfen oder was auch immer. Nur den Weg zur Tür findet sie auf keinen Fall.

Jetzt stellen Sie sich ein Rudel Mönche vor und allesamt schwerhörig. Ich klopfte nach einer gewissen Zeit völlig apathisch an den harten Holzpfosten des Eingangsbereiches. Und klopfte und klopfte. Eine der *Shoij*, diese Reispapierschiebewände, schob sich zurück und im Halbdunkel zeigte sich eine Bowlingkugel, die sich beim genaueren Hinsehen als ein wohlgeformter Mönchskopf ohne ein Härchen, gegen das Reispapier der Tür abzeichnete. Er strafte mich mit freundlichem

Schweigen und ich hielt ihm meinen Brief entgegen. Er schien überhaupt nicht verwundert, dass da eine Langnase an der Türschwelle herumhockte. Ich lächelte und verbeugte mich. Der Mönch nahm wortlos den Brief entgegen, den ich ihm mit beiden Händen entgegenhielt. Das solle man so machen, hatte ich zuvor gelesen. Warum, wußte ich nicht, denn ich war überzeugt, dass auch eine einzige Hand für das Papier gereicht hätte.

Der Mönch verschwand samt Brief im Türspalt, schob die Tür zu. Na toll und was war mit mir? Ich wollte gerade wieder mit dem Klopfkonzert am Türpfosten beginnen und war überzeugt, an dieser Stelle schon eine kleine Einbuchtung erkennen zu können, in die genau der Knöchel meines gekrümmten Mittelfingers passte, als die Schiebetür wieder zur Seite geschoben wurde und der Mönch mich hereinwinkte. Ich hatte offenbar die Probe bestanden und mit meiner Hartnäckigkeit bewiesen, dass es mir Ernst mit dem Klosteraufenthalt war. Ich halluzinierte mich als der neue Kwai Chang Kaine aus der Fernsehserie *Kung Fu*.

»Ich bin Kwai Chang Kaine, ich werde dir helfen.«

Jetzt war ich erst einmal ein ziemlich müder Held und schlurfte hinter der schwarzen Mönchskutte her. Er würde mich schon zu dem richtigen Platz führen, mit Schiebetüren, einem wunderschönen Futon, mit einer romantischen Kerze, etwas Duft und einer weichen

Kissenrolle. Wir gingen durch schmale Gänge. Da es stockfinster war, konnte ich tatsächlich nichts erkennen. Schließlich hielten wir in einem schmalen Gang, der nach frisch gebohnertem Holz roch und der »Jikki«, so nannte man diesen Mönch wie ich später erfuhr, bückte sich und schob eine kleine Holzwand in Höhe der Schienbeine zur Seite. Ein Futon quoll heraus. Es rollte sich gleich wie eine Feder, die vorher aufgezogen worden war, über den Boden. Das mit einer Naht geränderte Kantenende schlug auf: »Flapp.« In der Klappe an der Wand verbarg sich noch eine Decke, die der Mönch nun herauszog und über das Futon legte. Eine kleine Kissenrolle noch dazu und schon war das japanische Bett für mich bereitet. Der Mönch strahlte mich zufrieden an. Er machte den Eindruck, als wolle er sich selbst hineinlegen. Er verbeugte sich kurz und verschwand wieder in der Dunkelheit des Ganges. Das war es also, mein Zimmer. Sicher nur vorübergehend, denn wer lässt seine Gäste schon auf dem Flurboden übernachten? Möglicherweise war es einfach nur zu dunkel, um mein richtiges Zimmer zu finden, oder es war noch nicht gemacht.

Der Morgen dämmerte und Trappeln war zu hören, das bedrohlich lauter wurde, und sich in meine Richtung zu bewegen schien. Was auch immer es war. Ich zog die Decke etwas höher und war bereit sofort aufzuspringen. Eine Armada von weißen Socken schob sich in mein Blickfeld, das in dem Augenblick auf der Höhe einer Maus war. Die Mönche hatten mich umringt, lachten und waren für meinen Geschmack, es muß so kurz nach vier Uhr dreißig am Morgen gewesen sein, zu fröhlich. Nicht alle hatten geschorene Köpfe und ein Mönch, er war sicherlich noch keine Zwanzig, mit raspelkurz geschorenen Haaren, hielt mir seine Hand hin. Ich griff zu und er zog mich hoch. Anschließend rollte er meine Decke plus Futon und verstaute sie wieder in der Wand. Ich bedankte mich und der junge Mönch, er hieß Kenji, wie ich später erfuhr, zeigte mir wo ich meine Morgentoilette verrichten konnte.

Es war schlicht. Ein sehr schlichtes Bad. Das Wörtchen »einfach« würde es bei weitem nicht getroffen haben. Aber es war sauber. Ein Brett für die Ablage der Waschutensilien, einige Holzbottiche mit Wasser und einem verkorkten Abfluss. Ich holte meine Sachen, die ich brauchte, aus meiner Reisetasche im Gang. Auch die anderen Mönche schrubbten sich nun fleißig ab und putzten sich die Zähne. Wer fertig war, löste den Korken aus dem Bottich und das Wasser lief ab.

Nun ging es hinaus in den Innenhof, um ein paar Dehnübungen zu machen. Sagte ich, dass ich immer noch in meinem Pyjama war? Es schien keinen zu stören. Alle marschierten im Gänsemarsch zum »Hondo.« Eine kleine Halle, die rechts und links an der Wand mit einem durchgängigen Podest versehen war, auf dem Tatami, Reisstrohmatten, lagen. Zur Wand hin konnte ich die gerollten Futons erkennen. Davor lagen kleine Sitzkissen. Alle marschierten hintereinander in die Halle. Einer der Gänse aus dem Marsch, nämlich meine Wenigkeit, scherte schleunigst aus der Reihe. Ich beeilte mich zu meiner Tasche zu kommen, zog schnell ein frisches T-Shirt und eine weite Sporthose an. Zurück zum Hondo, war mein Platz leicht zu erkennen. Es war der einzige, der auf dem Podest frei war. Alle anderen waren von Mönchen schon besetzt, die ein wenig hin und her schwankten, um die richtige Meditationsposition auf dem Kissen zu finden. Ich setzte mich auf den freien Platz, rückte mein kleines Kissen ebenfalls zurecht und pendelte hin und her. Dabei rückte ich das Kissen unter meinem Steiß zurecht. Bei der Meditation stützen die Mönche nur ihre Hintern ab, so dass eine Keil entstand, der ihre Wirbelsäule in eine aufrechte Position brachte. Die Beine verschränkten sie in einem halben Schneidersitz. Nur der rechte Fuß lag auf dem linken Oberschenkel. Diese Position wird »halber Lotos« genannt. Führte aber zur ganzen Meditation. Der Abt, der mich zwar gesehen, aber noch kein Wort zu mir gesagt hatte, saß am oberen Ende der rechten Reihe und murmelte vor sich hin: »Kan ji sai bo sa ...« Er hatte eine ziemlich tiefe sonore Stimme und damit am frühen Morgen eine ziemlich einschläfernde Wirkung. Vor allem in der Zeit zwischen fünf und sechs Uhr morgens. Das Sutra war zu Ende rezitiert. Er zündete ein Sandelholz-Räucherstäbchen an, dessen Duft sich von der Vorderseite des Hondo bis zu mir schlängelte. Mit einem kleinen Holzklöppel schlug er einmal sanft eine Klangschale an. Der Ton schwang ganz langsam aus und folgte dem Duft des Sandelholzes bis zu mir. Jetzt war nichts mehr zu hören. Nicht einmal ein Räuspern. Nur das gleichmäßige Atmen meines Nachbarn nahm ich wahr, und mein Atem schien auf wundersame Weise in den gleichen Rhythmus zu verfallen.

Das war um 5:30 Uhr in der Dämmerung und das Zazen, das Stillsitzen auf einem Kissen, zog sich bis 7:00 Uhr hin. Unterbrochen ab und zu von einem flotten, rhythmischen Sutra: »Kan ji sai bo sa ...« Sprach ich schon davon, dass es mir peinlich war, dass mein Magen sich brummend zu Wort meldete? Er war überhaupt nicht mit dem Stillsitzen einverstanden. Ihn zog es Richtung Omelett, Würstchen und einer schönen heißen Tasse Kaffee. Der Abt schlug zwei kurze Hölzer zusammen und die Sitzperiode war beendet. Es war vollbracht. Es gab Frühstück. Nur meine Beine verweigerten kurzfristig ihren Dienst. Es ging nicht ohne meine Hände, um den Knoten aus den Beinen zu lösen. Dabei hatte ich doch nur im halben Lotus gesessen. Im vollen Lotos hätte man mich vermutlich als Gesamtpaket vom Sitzkissen heben können und gleich am Frühstückstisch absetzen. Wäre vielleicht praktisch, aber insgesamt doch ein wenig schmerzhaft. Sprach ich von Frühstück? Zunächst gab es einen mehr oder weniger wohlriechenden Holztopf mit dunklem Bohnerwachs, der beim mir Halluzinationen von Schokoaufstrich auslöste. Zum Ensemble gehörte noch ein Wolllappen. Ich machte es den anderen Mönchen nach: Mit einem gekonnten Wischer in den Holzbottich und den Lappen auf den Holzfußboden geklatscht. Anschließend den Po hoch und dem Lappen folgen, der einem mit erstaunlicher Geschwindigkeit nach vorne glitschte, so dass ich Mühe hatte, mit den Füßen hinterher zu kommen. An der Wand, am Ende des Flures angekommen, eine gekonnte Drehung, ähnlich der Wende im Schwimmbecken und ich folgte meinem dahingleitenden Lappen in die andere Richtung. Als ich wiederum eine Bohner-Wende hinter mir hatte, war ich alleine auf dem Flur. Alle anderen Mönche waren schon in den Essensraum gegangen. Ich hustete, um meine Schritte zu übertönen und war schnell am Ende des Flures, wo ich meinen bohnerwachsglitschigen Lappen in den Holztopf schmiss. Selbstverständlich mit einer gewissen Eleganz.

Im Speiseraum wartete ein reservierter Platz auf mich. Das war ganz leicht daran zu erkennen, dass die Schälchen auf dem Tisch noch unangetastet und in einem Tuch eingeschlagen waren. Ich setzte mich auf den Boden, auf das Tatami, entfaltet das graue Tuch unter dem drei glänzende Lackschälchen in Schwarz hervorkamen. Ineinander gesteckt wie russischen Matrjoschkas. Ich nahm sie auseinander und schon kam der Jikki, diesmal als diensthabender Küchenmönch von rechts mit einem Topf. Ich hielt erwartungsvoll mein größtes Schälchen hin und es ergoss sich Reisschleim aus der Kelle des Mönches, der mich dabei mal wieder lächelnd ansah und natürlich nickte. Ich nickte zurück. Darauf holte er noch einmal aus. Offenbar war mein Nicken, das falsche Zeichen. Ich bekam noch eine Kelle in mein Schälchen. Nun ging nichts mehr. Schon mein Daumen, der den oberen Rand des Schälchens festhielt, war im Reisschleim. Ich stellte mir vor, dass der Reis in wenigen Minuten betonhart werden und ich für den Rest meines Lebens mit einem japanischen Schälchen an meinen rechten Daumen herumlaufen. Einige Dinge wären nicht mehr möglich; beispielsweise Motorradfahren, für das ich die rechte Hand zum Gasgeben bräuchte. Aber ich hatte Glück und der Reisschleim tat das, was er tun sollte: er blieb Schleim. Alle um mich herum schlürften vergnügt. Und, ganz ehrlich, ein festes Würstchen mit Omelett wäre mir jetzt gerade recht gekommen. Ich nahm mir ganz fest vor, morgen ein Würstchen unter den Reisschleim zu verstecken und malte mir aus, wie das mein Frühstück aufpeppen würde.

Daraus wurde nichts. Trotzdem tat der warme Reis meinem Magen erstaunlich gut und nach ein paar Tagen freute ich mich sogar auf mein allmorgendliches Reisschälchen. Ein wenig wie der traditionsbewusste Engländer sich auf sein morgendliches Porridge freut. Und nach dem Frühstück ging es zu den Zucchini. Die waren erst einmal nicht zum Essen da, sondern mussten hochgebunden werden. Das Kloster *Shinsho-Ji Kokusai* versorgt sich weitestgehend selbst. Etwas außerhalb der Klosteranlage, reihten sich schachbrettartig einige Felder in den gerodeten Wald, die bestellt werden mussten und so eine Langnase wie ich, war da ein willkommener Knecht. Die Mönche nannten es »Samu«, *Arbeit*, und steckten mich in einen blauen Anzug. Dazu bekam ich ein Frottee-Handtuch und Wollhandschuhe. Wir hatte so an die 30 Grad Celsius und Wollhandschuhe kamen mir da ein wenig, sagen wir, deplatziert vor oder nicht das richtige Mittel der Wahl. Bisher brauchte ich Wollhandschuhe immer in Verbindung mit eisigem Wind, Schnee und klirrender Kälte; aber die Mönche scherten sich nicht um die Temperatur, wenn es darum ging, ein paar Wollhandschuhe anzuziehen. Zehn Mönche plus mir

Europäer mit Frotteehandtuch auf dem Kopf und Wollhandschuhe an den Händen bestiegen einen kleinen LKW, der an der Eingangstür des Klosters vorfuhr. Im Führerhaus gab es wieder nur einen Sitz für den Fahrer. So nahmen wir auf der Ladefläche Platz und hielten uns an der Bordwand fest, die auch hier eher die Ausmaße eines breiten Holzlineals hatte. Nach rumpeligen zehn Minuten erreichten wir das Ziel: Ein Feld, das so groß war, dass sich ein europäischer Bauer hierauf gerne einen schnuckeligen Gemüsegarten eingerichtet hätte. Es war gefüllt mit grünen, länglichen Feldfrüchten, die in der einen oder anderen Ackerfurche herumlagen. Wir stiegen ab und stiefelten auf das feuchte, schlammige Feld. Ein Mönch zeigte mir, wie man das Frotteehandtuch sehr geschickt auf dem Kopf verknotet. Sagte ich schon, dass das Thermometer feuchte dreißig Grad zeigte? Und anschließend gab er mir zu verstehen, dass ich die Wollhandschuhe anziehen solle. Das konnte eigentlich nur ein Scherz sein. Es erinnerte mich an ein Kinderspiel, bei dem wir alle eine Pudelmütze und Wollhandschuhe anziehen mussten, um so ein wenig in der Feinmotorik behindert, mit Messer und Gabel eine Tafel Schokolade zu essen. Diesmal war es kein lustiges Spiel. Hier ging es sozusagen um das Überleben der Mönche. Mein Begleit-Mönch, er hieß *Akeno,* zeigte mir, wie ich die kleinen Zucchini an den gespannten Draht, der längs über die Furche lief, hochbinden solle. Es war klar, die kleinen grünen Gemüsefrüchte sollten keineswegs die Feuchtigkeit der schlammigen Felder zu spüren bekommen. Ich band sie mit einer Kordel hoch. Mit Wollhandschuhen eine echte Herausforderung. Als die Sonne hoch über mir stand und mich das Frotteetuch auf meinem Kopf ziemlich erwärmte (ich hatte eher das Gefühl, einen Kaffeewärmer auf dem Kopf zu haben), hörte ich wieder den kleinen LKW heranfahren. Die Mönche machten sich auf den Weg zum Ende des Feldes, um auf die Ladefläche zu steigen, und ich Langnase trottete hinterher. Die feuchten Wollhandschuhe an den Händen waren im Laufe der Zucchini-Rettungsaktion immer länger geworden. Ich war erstaunt wie lang sich gestrickte Wolle dehnen konnte, wenn nur genug feuchter Schlamm eingearbeitet worden war.

In den nächsten Tagen gewannen die Mönche immer mehr vertrauen zu mir und übertrugen mir auch die Auberginen zur Pflege, die natürlich durch mich gediehen, wie ich in aller Bescheidenheit feststellen musste. Und ich trotzte der Monsunzeit, ich trotzte stoisch den Moskitos. Sie kamen mit ihrem Stechrüssel nicht durch das Frotteehandtuch auf meinem Kopf, das in der Verlängerung über meinen Nacken reichte. In dem Moment war ich froh, diesen Kaffeewärmer auf dem Kopf zu haben.

Am Nachmittag kam wieder der Bonsai-Laster und schaukelte uns zurück zum Kloster. Ich war hungrig. Es hätte nicht viel gefehlt und ich hätte kurzerhand in eine Zucchini gebissen. Mit einer Unschuldsmine würde ich anschließend zu verstehen geben, dass ich wirklich das grüne Gemüse hochgebunden habe und keinerlei Ahnung, ja noch nicht einmal eine Vermutung hätte, welches japanische Dschungeltier solche Bissspuren hinterlassen haben könnte.

»Ich auf keinen Fall«, hätte ich noch einmal mit Nachdruck beteuert.

Aber jetzt stand ich ja auf dem Laster und wir erreichten schnell das Kloster. Der Duft von Gemüse und Basmati-Reis stieg die Auffahrt hoch. Wir warfen die Wollhandschuhe in einen Holzbottich, in den sogleich kochendes Wasser gegossen wurde. Kurz, aber wirklich nur einige Sekunden, dachte ich darüber nach, ob es wohl ein Wollhandschuhrezept für eine köstliche Suppe geben würde? Schließlich gab es in dem Kloster praktisch keinen Abfall.

Wir nahem unsere drei Schälchen aus den Regal. Sie steckten ineinander, eingeschlagen in ein graues Baumwolltuch. Alle nahmen am Tisch Platz, natürlich auf den Tatatmi-Matten aus festem Stroh und feierlich entknotete jeder Mönch seine kleinen Schälchen aus dem Tuch. Alle guckten erwartungsvoll nach vorne und der Küchenmönch kam mit einem großen Topf Reis. Mit der Kelle bekam jeder seine Portion Reis in das Schälchen. Danach holte er den zweiten dampfenden Topf und darin waren heiße Zucchini. Hätte ich mir denken können. Keine davon war bereits angebissen, so weit ich das sehen konnte. In das dritte Schälchen kam heißer eingelegter Tofu, diese Sojawürfel, die von Natur aus völlig geschmacklos sind und daher in der Lage waren, jeden Geschmack der Welt anzunehmen. Meistens ist es der von Soja-Soße, die darüber geträufelt wurde. Nun besteht die auch aus Tofu - ist aber fermentiert. Ich habe da eine Vermutung: Es saß einmal ein Mönch vor so einem völlig geschmacklosen Tofuwürfel und beobachtete ihn meditierend. Irgendwann fermentierte der Würfel vor sich hin und der Mönch dippte den kleinen Finger hinein. »Doso!« rief er aus. Was soviel heißt wie »Na super!« oder wie die Griechen es ausdrückt hätten: »Heureka.« Jedenfalls hatte er Geschmack gefunden und träufelte nun zusammen, was zusammen gehört.

Nach dem Lunch gab es Freizeit und alle Mönche marschierten würdevoll aber schnell in die Bibliothek. Dort bildeten sie in einer Ecke sofort eine große Traube. Ich war nicht so schnell und konnte nicht sehen, worum es ging. Allerdings roch ich Kaffee und das ist in einem Kloster, in dem sonst der grüne Tee vorherrschend war, verwunderlich. Ich drängte mich ein wenig nach vorn und sah einen kleinen Ecktisch mit einem Wasserkocher und ein Glas Nescafé daneben. Kleine Tassen standen bereit. Jeder Mönch bekam sein Tässchen Kaffee nach dem Essen. Für mich bekamen, die sonst so streng disziplinierten Mönche, einen sehr menschlichen Zug.

Ich habe in der Zeit Tofu, Reis, die Natur und die Ästhetik der Pflanzen schätzen gelernt. An vielen Dingen gehen wir achtlos vorbei ohne gerade in den kleinen Dingen das Große, das Gesamte der Welt zu entdecken. Ich bin gerade deshalb auch zum Wandern gekommen. Das stundenlange Gehen über schmale Pfade durch Wälder, ein wenig abseits der Menschen, lässt einen um so intensiver mit sich selbst beschäftigen. Ach ja, wenn Sie jetzt vom Natursteig aus direkt auf den Weg zum Kloster »*Shinsho-Ji Kokusai*« machen wollen, müssen Sie zum Anfang zurück und nehmen im Bahnhof Siegburg die S12 nach Troisdorf, dort steigen Sie um in die S13 und sind dann schnell am Flughafen Köln-Bonn. An einem der zahlreichen Counter fragen Sie einfach nach dem nächsten Flug nach Osaka. Von dort geht es dann … aber das haben Sie ja schon gelesen.

Ich war trotz meiner Gedanken an Japan, schließlich immer noch auf dem Natursteig-Sieg unterwegs. Aus dem Wald heraus, in Höhe des Hennefer Ortsteils *Weingartsgasse*, wanderte ich zu einer ergonomisch geformten Bank, die sich in mein Blickfeld schob. So eine wohlgeformte Bank kannte ich noch nicht. Sie war designt wie eine sanfte Rutsche. Wer kann da widerstehen. Ich dachte kurz darüber nach, ob ich mich vielleicht auf die Rückenlehne setze und mich wie eine völlig entspannte Katze heruntergleiten lassen sollte, bis die endgültige Sitzposition erreicht war. Der Rucksack hätte mich allerdings gebremst. Ich setzte mich also brav hin und spürte sofort die Entspannung, die sich in meinem Körper von den Füßen her wie eine Welle zum Kopf hin wanderte. Wahnsinn! Meine Beine lagen in einer günstigen Entspannungsposition, wie ein Ottomane (diese kleinen Hocker vor einem Sessel) unter den Beinen. Die verstaubten Wanderschuhe waren außerhalb der unteren Bankkante und baumelten in der Luft. Es war einfach die perfekte Bank nach einer Tagestour. Links von meiner königlichen Sitzliege-Position, ragte ein Wegweiser in den Himmel, der den Zuweg nach Hennef wies. Ich schloß die Augen und dachte über eine Currywurst nach. Ganz frugal, nur mit Brötchen und dem gelben Curry, der fein gestäubt auf dem selbst gemachten Tomatenketchup lag. Quasi hingepudert. Ich verschmähe auch Tofu nicht, aber ich gebe es zu, dass ich ab und zu doch der menschlichen Evolution in mir nachgebe. Zudem kamen gerade vier

Frauen den Berg hinauf. Eine von ihnen schnaubte besorgniserregend.

»Isch kann nisch mehr ...«, atmete sie aus und steuerte die zweite Bank neben mir an.

Die anderen versuchten sie zu überreden, doch noch ein klein wenig den Weg entlang zu gehen.

»Enä, keine Schanze!«, beteuerte sie keuchend.

Ich räumte das Feld, um den anderen einen Platz zum Verschnaufen zu bieten. Sie sahen mich dankbar an und nickten. Zudem: Die Aussicht auf eine Currywurst siegte in dem Augenblick über die Entspannung.

Der Weg über die Wiese ging steil hinunter, an noch jungen Weißweinreben vorbei, ein Stück durch den kleinen Ort Weingartsgasse und schließlich eine Minitreppe zwischen Häusern hindurch. Zwei Joggerinnen in Stretchhosen hatten jeweils ihr linkes Bein auf das Geländer der Treppe gelegt und dehnten sich. Sie sprachen über den nächsten Zumba-Kurs und wie entspannend das sei. Es war klar: Sie kannten die Bank nicht, die nur wenige hundert Meter von ihnen entfernt einlud. Wenig später sah ich eine Holzbrücke, eine Hängekonstruktion mit zwei Pylonen, die die Sieg überspannte. Rechts, direkt am Ufer war ein kleines Lokal, »Restaurant Sieglinde«, gefüllt an diesem Tag mit Radfahrern, die mit ihren Drahteseln die Terrasse kreuz und quer zustellten. Ich hätte vermutet, dass am frühen Nachmittag, die bergischen Waffeln mit einem Kännchen Kaffee, vielleicht sogar in der traditionellen *»Dröppelminna«*, auf den Tischen stand. Weit gefehlt. Sie schwenkten Weizenbiergläser XXL in die Luft. Auf der Holzbrücke hielt ich kurz an und blickte hinunter in die Sieg. Sie war sehr klar. Unterwasser wogte grünes Gras, als sei es vom Wind bewegt, dazwischen kleine Fische, die kaum auszumachen waren. Sie schienen fast durchsichtig und hatten, von oben betrachtet, eine graublasse Färbung. Vielleicht waren es kleine Lachse?

Über den Siegdamm erreichte ich schließlich die ersten Häuser von Hennef. Vor mir ein älteres Ehepaar mit Fahrrädern. Sie stritten sich wild gestikulierend. Er schrie. Lehnte sich mit dem Kopf an einen Baum. Schließlich, bevor ich die Szenerie passierte, stieg sie auf ihr Fahrrad und fuhr empört davon. Worum es bei dem Streit ging, konnte ich nicht ausmachen. Er richtete sich auf, stapfte wütend zu seinem Fahrrad, nahm die Navigation, die am Lenker befestigt war, rupfte sie aus der Arretierung und schmiss sie der Frau hinterher. Die war schon viel zu weit geradelt, als dass sie etwas von der wütenden Aktion hätte mitbekommen können. Wenig später fuhr ein Kleinwagen völlig ungerührt über das Navigationsgerät auf der Straße, es machte ein hässliches Knacks-Geräusch, als ob ein hohles Ei mit dem Fuß zertreten worden sei. Ab sofort, dachte ich, ist dieser Mann wieder in der analogen Welt angekommen. So wie ich, schlicht mit einer Karte im Gepäck. Wahre Dramen begegnen einem eben nicht nur auf der Bühne. Sagen wir einmal so: Er sei *Othello* und sein Navi *Desdemona*. Nun bereute er seine Tat. Und ich wanderte völlig ungerührt vorbei.

Am Rathaus endete der Zuweg. Auf der Frankfurter Straße entdeckte ich das Wurst-Geschäft meines Vertrauens. Und es war nicht einfach nur eine Frittenbude. Die junge Frau hinter der Theke reichte mir ein Porzellanschälchen mit einer filetierten Wurst, hübsch bekleckert mit Tomatensoße und bestäubt mit Curry. Dazu ein Brötchen, mehr braucht der Wanderer nach der Etappe nicht. Das gilt zumindest für mich. Und ich murmelte vor mich hin:

»Manchmal werden Träume war.«

Es wird alpin und die Burg ist in Sicht

VON HENNEF NACH STADT BLANKENBERG

Frisch gestärkt wollte ich auf jeden Fall an diesem Tag noch in Richtung der Stadt Blankenberg. Tatsächlich nur in die Richtung, denn bis zum Abend würde ich es wahrscheinlich nicht mehr schaffen. Ich spürte meine Gräten schon ein wenig. Ich hätte in Hennef in ein kleines Hotel gehen können, aber das wäre nur wieder Geld ausgeben und das wollte ich, so gut es ging, vermeiden. In Altenbödingen lebte meine Freundin. Das wäre natürlich prima, wenn das immer so wäre, fiel mir in diesem Moment ein. Habe ich am Ende einer jeden Etappe einen Menschen, den ich sehr gut kenne und der natürlich eine wunderbare Schlafcouch hat? Es wollte mir aber einfach keiner in Eitorf, Herchen, Scheuerfeld, Alsdorf oder Kirchen einfallen. Um nur einige der kommenden Etappen zu nennen, die ich noch vor mir lagen.

Ich ging die Frankfurter Straße in Hennef hoch, vorbei an Geschäften, die auf neue Mieter warteten. Sie liegen zwar direkt an der Straße, aber viel Laufkundschaft ist nicht zu erwarten. Die tummelt sich eher auf dem Konrad-Adenauer-Platz in der Mitte von Hennef, von mir aus betrachtet hinter dem Curry-

Wurst-Geschäft, das übrigens gut besucht war. Ich folgte der gelben Zuwegbeschilderung und wechselte die Straßenseite, um in eine schmale Gasse zu gehen, an deren Ende ich schon eine Brücke erkennen konnte. Sie führte über die Sieg, die sich hinter Hennef versteckt. Ich blieb kurz stehen. Das Wasser war klar, durchsichtig, glänzend an der Oberfläche. Je länger ich an dem Brückengeländer stand und ins Wasser sah, kam mir der Gedanke, dass es vielleicht so sein könnte, dass der Kies auf dem Boden des Flusses oben ist und ich auf dem Grund der Welthülle stehe. Ich meditierte mich ins Wasser.

Hunde tollten am anderen Ufer über eine große Wiese. Sie schnüffelten aufgeregt zwischen den Grashalmen, suchten Bällchen oder hofften auf das größte Stöckchen ihres Lebens. Immer wieder blieben sie kurz stehen, um Herrchen oder Frauchen nicht aus dem Blick zu verlieren. Die Brücke zieht sich nicht nur über den Fluss, sondern ebenfalls über einen Großteil der darunter liegenden Wiese. Spaziergänger kamen mir entgegen; Fahrradfahrer, die eigentlich absteigen müssten und mich strafend ansahen, weil mein Rucksack zu breit schien, um daran gefahrlos vorbeizuziehen. Man hört ja immer wieder davon, dass es aggressive Rucksäcke geben soll, die ahnungslose Radfahrer aus dem Sattel reißen. Und nur ich weiß, dass mein Rucksack völlig in seiner Mitte ruht und keineswegs aggressiv ist.

Als ich das Ende der Brücke erreichte, stapfte ich an einigen Häusern und einem Kriegsdenkmal vorbei, versteckt hinter der obligatorischen grünen Hecke. *»Vierzehnachtzehn - unseren gefallen Soldaten …«* Einige Minuten ließen mich in Gedanken die Bilder nicht los, die ich in Dokumentaraufnahmen gesehen hatte: Die Hurra-Schreie, den Kaiser mit Pickelhaube und die Giftgastoten in den Gräben der Flandernschlacht bei Ypern. Mein Großvater Otto war als junger Mann ebenfalls in den Schützengräben und er hatte mir von der Angst und der Hoffnung erzählt. »Weißt du, manchmal hörte der Geschützlärm auf, die Stille war zu spüren und wir versuchten Vögel zu hören. Wo waren sie?«

Stille.

Er erzählte weiter:

»Zu Weihnachten hörten wir aus den anderen Schützengräben, nicht weit von uns, Weihnachtslieder. Wir sangen auch. *Stille Nacht, heilige Nacht …* Und genau dieser Augenblick sei wahre Stille gewesen.

»Nur solange ein einziges Lied dauert.«

Als er das erzählte, war er nicht mehr bei seinem Enkelchen. Er war ganz weit, in einer anderen unwirklichen Zeit. Sein Blick wurde starr, dann wieder sanft.

»Ich hoffe, dass du so etwas nie erleben musst.«

Mein Großvater musste es zweimal erleben. Nicht nur im Ersten, sondern auch im Zweiten Weltkrieg kam er an die Front, geriet in US-Gefangenschaft und wurde schließlich als »POW«, als »Prisoner of War«, nach Fort Robinson in Nebraska transportiert. Wann er von da wieder zurückkam, weiß ich nicht. Ich erinnere mich nur, dass wir gemeinsam am Küchentisch in der Albermannstr. 8, in Köln-Kalk saßen und entweder die Ameisen beobachteten, die aus einer Ritze im Fußboden zwischen Küche und Wohnzimmer kamen, oder wir schnitten kleine Schiffchen aus Papier aus. Es waren kleine Rettungsboote. Die brauchten wir, weil wir gemeinsam die *Titanic* aus Papier bastelten. Draußen war es kalt. Schnee lag auf dem Geländer des kleinen Balkons der Eisenbahnerwohnung. Ich fühlte mich sehr wohl bei meinen Großeltern, bei denen ich aufwuchs. Mein Großvater fuhr die große schwarze Dampflok, deren Stahlräder im Innern mit rotem Lack gestrichen waren. Als Lokführer hatte er den günstigen Wohnraum in Köln-Kalk zugeteilt bekommen. In der Küche wärmte ein Emailleofen. Ab und zu zerfiel ein pechschwarzer Brikett in der roten Glut und gab ein kurzes, raschelndes Geräusch beim Bersten wieder. Als Herdplatte hatte der Ofen verschiedene silbrig glänzende Ringe, die mein Großvater mit dem

Feuerhaken ein wenig verrückte, so dass sie einen Spalt freigaben und der Schein des Feuers an der Zimmerdecke einen Tanz aufführte. Dabei war er still und in Gedanken an einem völlig anderen Ort. Er sprach so gut wie nie darüber, was er als Soldat im Krieg erlebte. Es schien eine Zeit zu sein, die in seinem Leben nicht mehr existieren sollte - nicht einmal in der Erinnerung.

Auch daran musste ich denken, als ich an dem Kriegerdenkmal neben dem Natursteig Sieg stand. Ich ging weiter und ließ die Erinnerungen am Denkmal zurück. Ich sah jetzt auf meinem Weg die festen Mauern des *Schlosses Allner*. Vorbei an einem verrotteten Mühlrad, das kaum noch zu erkennen war und völlig die Farbe des Modders um ihn herum angenommen hatte. Dennoch - gerade in diesem Verfall war es eine rostige Schönheit. Wo darf heute noch etwas vor sich hinrosten, ohne dass gleich vom Ordnungsamt ein roter Zettel aufgeklebt wird, mit dem Hinweis auf eine Ordnungsstrafe und der baldigen Entfernung des in die Schönheit gekommenen Artefakts?

Um dem Natursteig weiter zu folgen, muss die Straße überquert werden. Ein kleiner runder Torbogen, mehr ein Türbogen, gibt eine dunkle Öffnung im Mauerwerk frei, verhängt von einem Efeuvolant.

Gleich rechts, hinter der Mauer, steigt eine geheimnisvolle Steintreppe in den Wald. Es ging bergauf und so bekam ich vom Weg aus einen kleinen Blick in den Innenhof des Schlosses, in dessen dicken Mauern Wohnungen eingerichtet worden waren.

»Die leben hier sehr schön«, dachte ich und überlegte, ob die Mieter wohl die Ruhe haben, die der Mensch manchmal braucht und warum er sich beispielsweise in Klöstern hinter dicken Mauern von der Außenwelt abschirmt. Der Blickwinkel geht natürlich auch in die Gegenrichtung, wenn ich drinnen sitze.

»Och, die armen Menschen da draußen, sind alle hinter Mauern eingesperrt. Nur ich habe meinen Freiraum.«

Nun ja - das ist vielleicht ein eher schlichter Blickwinkel. Die Abendsonne näherte sich langsam dem Horizont, die Temperatur im Wald wurde schattig. Ich schaltete vom Schlender- in den Wandergang und erreichte den Waldrand. Der Untergrund zeigte sich nun matschig und zerfurcht. Sollte ich *neben* den Furchen, *auf* den Furchen oder *in* den Furchen gehen? Ich probierte alles aus. Immer mit dem selben Ergebnis: Dicke Matschklumpen an meinen Wanderschuhen, die sich mit der geballten Physik, der Adhäsionskraft, festgesaugten. Als ich eine Straße erreichte, die den Weg querte, stampfte ich so gut es ging auf dem

Asphalt herum und führte einen Veitztanz auf. Am Ende blickte ich kurz zurück, sah die Straßendecke und war mir sicher, gleich kommt die Polizei vorbei, um zu beiden Seiten Schilder aufzustellen:

»Achtung! Verschmutzte Fahrbahndecke!«

In etwas geduckter Haltung beeilte ich mich, den Weg durch die gegenüberliegende Wiese hinter mich zu bringen. Ich hörte schon Stimmen hinter mir:

»He - Sie, kommen Sie mal sofort her. Hier ist der Straßenbesen …«

Glücklicherweise hörte ich lediglich ein paar Hunde in der Ferne bellen. Der Weg bog unversehens nach rechts und wies schließlich auf ein Minibrückchen über ein Miniflüsschen. Sagte ich schon, dass ich die Statur eines gut genährten Mitteleuropäers habe? Möglicherweise ein kleines Pünktchen *über* dem Body-Mass-Index für Idealmaße. Aber was heißt das schon. In Bayern wäre ich sicherlich ein »gschtandenes Mannsbild«, das jetzt versuchte, mit Anspannung das Brückchen zu überqueren. Das Wasser war nicht tief und die Brücke nicht hoch. Das sorgte für eine gewisse Beruhigung und sie hielt, was sie versprach und brachte mich trocken über den Fluss. Zwei, drei kleine Fachwerkhäuser erwarteten mich und dahinter wieder ein Waldweg. Eine leichte Steigung!

»Gibt es dunkelhaarige Engel auf Pferden?«, dachte ich, als von rechts aus dem Wald eine hübsche junge

Frau direkt auf einem Isländer mit langer Mähne auf mich zugeritten kam. Nicht im Galopp, sondern ganz gemütlich, in einer Art Spazierritt. Ich blieb unwillkürlich stehen, ganz Gentleman, um den Engel vorbeireiten zu lassen. Von ihrem Blickwinkel aus betrachtet, wirkte ich sicherlich nicht wie ein Adonis. Verschwitzt wie ich dastand und mein Rucksack war auch eher ein grünes praktisches Modell, statt der neuesten Kreation eines Rucksackdesigners - sagen wir aus Paris, Mailand oder Rom. Sie lächelte mich kurz an und sagte leise: »Hallo«, peilte anschließend sofort den Weg vor ihr zwischen den Ohren des Pferdes wieder an. Ich, der dicke Adoptivhobbit, trabte derweil weiter, ein wenig paralysiert. Ein paar Jahre später lernte ich sie kurz kennen. Ich erfuhr, dass sie fast ihr Leben verloren hätte, als ihr Isländer auf einem solchen Waldweg stolperte und sich überschlug. Das Pferd hatte es einigermaßen überstanden, aber ihre Verletzungen waren so, dass sie eine Zeitlang auf der Intensivstation um ihr Leben kämpfte. Das wusste ich damals nicht, als ich sie als »Engel auf einem Isländer« wahrnahm. Diese kurze Begegnung ist mir im Gedächtnis geblieben, weil es eben auf der Wanderung zu solchen oder ähnlichen Begegnungen kam, mit denen kein Mensch vorher hätte rechnen können: merkwürdige Pilzsucher, die an Catweazle erinnerten (sie wissen schon, dieser merkwürdige bärtige Kauz, der im falschen Jahrhundert gelandet war), vergeistigte »Heiligequellenfläschenabfüller« und Rehe, die den einsamen Wanderer auf einsamen Pfade ohne scheu beobachteten. Aber dazu komme ich noch.

Schließlich gab der Wald den Blick frei auf Koppeln mit gelangweilten Pferden. Ich erreichte Bödingen und schwenkte in Richtung der Wallfahrtskirche »Zur schmerzhaften Mutter Gottes.« Zum Bau dieser Kirche kam es durch einen anderen Wanderer, der Christian hieß, so jedenfalls die Legende. Er marschierte fröhlich mit einem Liedchen auf den Lippen durch den Wald in der Bödinger Gegend und da erschien ihm die Mutter Gottes. Kennt man ja, man macht die Augen auf und dann ist da ein Licht, eine junge Frau, die den einsamen Wanderer anlächelt und schon geht es los: Christian fing an zu buddeln, um mal eben eine Kirche zu bauen. Zu seiner Zeit vermutlich eher eine kleine Kapelle, ein Kapellchen. Aber da war der Esel, der bei ihm war und der zerrte ihn weiter, weil die Jungfrau Maria gesagt hatte: »Bloß nicht hier!«, oder so ähnlich. Das alles geschah, der Legende nach, im Jahr 1350. Also kam es schließlich dazu, dass der Christian an einer anderen Stelle, ebenda wo ich jetzt stand, begann, eine Kapelle zu bauen. Es ist nicht überliefert, warum Maria die erste Stelle im Wald nicht so toll fand. Allerdings steht dort heute tatsächlich eine kleine Andachtsstelle, weil schließlich auf dem Flecken Erde die erste Erscheinung war. Die beiden Stellen teilt lediglich ein Tal zwischen den Ortschaften Altenbödingen und Bödingen.

Die Wallfahrtskirche ist ein prächtiger Bau mit einem ehemaligen Kloster drumherum. Jedes Jahr wandern Pilger zur Skulptur der »Schmerzhaften Mutter«, die immer noch auf der rechten Seite des Kirchenschiffes zu bewundern ist. Kerzen brennen in der Nische. Es wird gebeten nur die Kerzen zu verwenden, die der geneigte Pilger dort kaufen kann, denn die und nur die würden nicht rußen und somit die Betnische schützen. Kleine Täfelchen sind an die Wand, unterhalb der Skulptur gelehnt. Menschen haben sich dort für die Hilfe der Mutter Gottes bedankt.

Der katholische Glaube sitzt tief in Bödingen. Der Ort gehört zur Stadt Hennef und meine Mutter erzählte immer wieder, dass einer meiner Vorfahren in Hennef wohl katholischer Pfarrer war.

»Als kleines Mädchen«, so berichtete sie bereits hochbetagt, »mussten wir immer, wenn der Herr Pfarrer zu Besuch kam, einen Knicks machen und ihn mit *Monsignore* ansprechen.«

Meine Mutter machte die Augen groß und wiederholte bedeutungsschwanger »Monsignore!« Ich denke, sie glaubte, dass dieser Titel in der Rangordnung gleich hinter dem Titel »Papst« kommt.

Ich verließ die Wallfahrtskirche über den kleinen Friedhof, der sich an die Klostermauer anschloss. Die

Gräber waren gepflegt und eine ganze Reihe schlichter grauer Kreuze gab Zeugnis von den Mönchen, die ihr Leben hinter den Mauern verbracht hatten, bevor das Kloster geschlossen wurde. Damit ereilte sie das gleiche Schicksal wie schon die Benediktiner in Siegburg, wo meine Wanderung begann.

Am Ausgang des Friedhofes stutzte ich kurz. Aus den Augenwinkeln sah ich ein ganz kleines Grabkreuz und die Inschrift »Lieschen Müller.« Jetzt wusste ich endlich, wo man sie beerdigt hatte. Dennoch spricht man heute noch viel von ihr, wenn auch nicht gerade schmeichelhaft. »Das ist eher was für Lieschen Müller« oder »Mich kannst du nicht betuppen, ich bin doch nicht Lieschen Müller!« Es gab sogar einen Spielfilm aus dem Jahr 1961 »Der Traum von Lieschen Müller«, in der Hauptrolle gespielt von Sonja Ziemann. Da wollte Lieschen in die höhere Gesellschaft. Ich weiß nicht, aber es könnte sein, dass sie eine Ehe mit »Otto Normalverbraucher« eingegangen ist und damit … Pustekuchen mit der höheren Gesellschaft. Jedenfalls eine Lieschen Müller liegt auf dem Friedhof der Wallfahrtskirche von Bödingen. Das ist sicher.

Von der Wallfahrtskirche aus führt der Weg zwischen Pferdekoppeln nach Altenbödingen. Hierhin sollen sich die Mönche vor einer Verfolgung geflüchtet haben und auch meine Freundin. Natürlich nicht vor einer Verfolgung, sondern weil sie Pferde sehr mag und in einem alten Fachwerkhaus wohnen wollte. Es war an diesem Abend schon sehr dämmrig, als ich den beleuchteten Innenhof des alten Gehöfts betrat. Meine Freundin erwartet mich schon, vor allem mit einem Topf dampfender Nudeln. Ich weiß, typisches Klischee. Aber es war tatsächlich so an diesem Abend. Was soll ich sagen? Da hatte ich doch bestimmt etwas von meinem Hüftspeck an diesem Tag abgewandert und nun das. Da bin ich hart. Sehr hart. Ein Gläschen Abendmilch hätte sicherlich gereicht. Aber dieser Topf mit Nudeln war extra für mich gemacht worden und da wollte ich sie natürlich nicht beleidigen. Also - her damit!

Später saßen wir an einem alten Küchentisch aus der Gründerzeit zusammen und tranken noch ein Gläschen Wein. Sie erzählte mir von dem Bauern, ihrem Vermieter.

»Der war sehr pfiffig und hat früh erkannt, dass mit den Rindviechern so nicht mehr das große Geld zu machen war.«

»Statt dessen vermietet er nun die Ställe und du wohnst in einem«, sagte ich schmunzelnd.

»Nein, so einfach ist das nicht gewesen, schließlich ist er bauernschlau.«

Sie nippte an ihrem Glas Wein und der Schein der Kerze schimmerte durch die dunkelrote Flüssigkeit.

Der Bauer habe sich gedacht, dass die ganzen Städter um ihn herum, doch so ziemlich alles haben.

»Auto, Villa - fehlt nur noch ein Pferd für die Frau«, so erzählte sie weiter. Nach und nach habe er viele Wiesen rund um Altenbödingen gepachtet und Pferde darauf gestellt. Hinzu sei noch der Neubau eines großen Reiterhofes für Pension und Ausbildung der Pferde gekommen und schon sei die ganze Sache perfekt gewesen. Jetzt bekam er »Einsteller« aus den umliegenden großen Städten. Nur die anderen Bauern, in der Nähe, seien mittlerweile nicht gut auf ihn zu sprechen, da die Pferde die Wiesen zertrampeln würden. Sie hätten zwar jetzt die Pacht, aber eben keine guten Wiesen mehr. Dem Pächter und Vermieter kümmert es offensichtlich nicht.

»Seine Hofanlage hat er natürlich nicht mehr gebraucht und so baute er sie mit seinem Sohn zusammen in Wohnungen um.«

»Und du bist jetzt also ein flotter zweibeiniger Einsteller?«, bemerkte ich.

Sie lachte. »Ja, irgendwie schon.«

Und für diese Nacht waren zwei »Pferde« in diesem Stall.

Am nächsten Morgen, zog der Wanderer nach einer Stärkung wieder hinaus in die Welt. Der Rucksack war schwer, das Wetter hervorragend. Kleine weiße Wolken begleiteten mich am Himmel. Wieder ging es vorbei an Wiesen, die von Pferden matschig galoppiert worden waren. Die Pferde schienen Mühe zu haben, zwischen den Matschflächen noch ein kleines grünes Hälmchen zu zuzeln. Der Bau eines kleinen Altenheimes duckte sich hinter großen Sträuchern und einer Bushaltestelle an der Straße. Kurz dahinter marschierte ich, immer der Wandermarkierung, der weißen S-Kurve auf blauen Grund folgend, in den Wald. In Bödingen kreuzte der »Nutscheid«, ein Pferde- und Karrenweg aus dem Mittelalter, den Natursteig. Der *Nutscheider Höhenweg* ist eine mittelalterliche Handelsstraße. Die meisten alten Reisewege lagen auf den Höhen. Irgendwann müssen die Wanderer entdeckt haben, dass es auf den Höhenwegen nicht so matschig war, wie im Tal und es nicht immer bergauf- und bergrunter geht. Zudem war auf einem Höhengrad ganz gut der nächste Orientierungspunkt zu sehen. Im Mittelalter waren das die Kirchtürme, die aus der Mitte der Ortschaften herausragten. Und noch heute ist von verschiedenen Stellen aus, vor allem der Siegburger Michaelsberg mit seinem ehemaligen Benediktinerkloster gut zu sehen. Das war schon vor fast 1000 Jahren so. Ich blickte über grüne Wiesen auf den Michaelsberg und meine Augen sahen in dem Moment exakt das selbe, das die Reisenden im Mittelalter ausmachten. Eine wahre Zeitreise. Es heißt, dass in der Gegend schon ab 5000 v.

Chr. das erste Vieh gezüchtet und Bauern den Acker umgepflügt haben. Dass sich Menschen in Hennef zusammenfanden, in einer Siedlung, belegt eine Urkunde aus dem Jahr 885. Der fränkische König Ludwig III. war großzügig und schenkte dem Abt Heinrich mal kurz ein größeres Grundstück, so in der Gegend von Geistigen. Dann wurden natürlich, wie könnte es anders sein, mal flott ein paar Kirchen gebaut. Messwein brauchte der Pfarrer natürlich auch. Es gab sonnige Hanglagen - also wurde flugs Wein angebaut. Es ist nicht überliefert wie lange und wie oft die Menschen den Wein probiert haben, bis sie ihn für den Herrn Pfarrer für gut befanden. Schließlich war der Wein sicherlich ebenfalls eine gute Grundlage für den Karneval in der damaligen Zeit. Die Römer hatten Bacchus mitgebracht und man faselte am Kamin gerne von den Sagen der Isis, die die Römer in Ägypten kennengelernt hatten.

Sagte Bauer Karl:
»Haste auch gehört, dass Isis mit kleinen Schiffchen fröhlich umherzog?«
Sein Freund, der Schäfer Willi, stützte sein Kinn in die Handfläche, nippte am Weinbecher, starrte ins Feuer.
»Ich hab da `ne Idee. Warum ziehen wir nicht auch kleine Schiffchen durch unsere Siedlung. Wir lassen die von der Berta, deiner Schwarzbunten ziehen und du

sitzt im Schiffchen, winkst und schmeißt süße Honigbällchen aus Waben aus dem Schiffchen ...«
Beide nickten.

»Tolle Idee, so machen wir dat.«
Schon war der Karnevalsumzug erfunden.

Im Wald fühlte ich mich wohler, statt in den Straßen des Ortes. Ein Specht hämmerte wie wild auf eine Baumrinde ein, andere Vögel, schrieen förmlich und kreischten. Vermutlich ein Warnruf:

»Achtung, da kommt einer mit einem eigenartigen verknitterten Hütchen und einem grünen Rucksack.«
Und alle Vögel guckten erstaunt. Gut, gut, ich weiß, mein Outfit läuft jetzt nicht gerade unter »dernier cri« in der Modebranche.

Nach einer halben Stunde kam mir ein sehr großes Tier entgegen. Das wiederum bereitete mir einige Sorgen. Der Weg war nur für einen Menschen und somit der Breite eines Menschen gedacht. Ein Pferd kam mir entgegen, das von seinem Besitzer wie ein Hündchen an der Leine geführt wurde. Gut, kann man machen. Der eine führt seinen Hund spazieren und der andere eben sein Pferd. Da das Pferd nun doch etwas breiter war als ich, sah ich sofort die Unmöglichkeit, dass es mir zwischen den eng stehenden Bäumen Platz machte. Ich tappte ins Gebüsch und ließ Ross und Reiter, pardon, Herrchen, vorbei. Der Besitzer bedankte sich und ich bin mir sicher, dass auch das Pferd in meine Richtung nickte.

Ich stolperte weiter über die eine oder andere Tannenwurzel, die den Weg kreuzte und das Muster eines verrotteten Jägerzaunes auf den Boden zeichnete. Elegant dribbelte ich durch die wenigen freien Felder zwischen den Wurzeln und war stolz auf mich. Der Eleganz einer dahinschwebenden Elfe nicht unähnlich. Es gibt auch kräftige Elfen! Schließlich gabelte sich der Weg und ich folgte dem Schild »*Blankenberg*« in eine kleine Schonung. Es fiel mir wieder auf wie abwechslungsreich der Natursteig Sieg ist. Ein ständiger Wechsel von Misch- und Fichtenwäldern, dann wieder mäanderte der Weg zwischen Wiesen und kleinen Dörfern mit den typischen Fachwerkhäusern. Und jetzt war ich sogar auf dem Weg zu einer richtigen Burg.

Und wenn ich einmal den Wald verließ, gab es zur Belohnung oft genug einen Panoramablick bis zum Siebengebirge. Jedenfalls auf dieser zweiten Etappe des Natursteig Sieg.

Plötzlich war die Ruhe vorbei. Motorsägen heulten auf und sägten was das Zeug hielt. Es tat mir in den Ohren weh. Riesige Tannen krachten mit einem fürchterlichen Ächzen zu Boden. Kreuz und quer über dem Wanderweg lagen dicke zersägte Baumstämme und dahinter Saurier: Riesige Maschinen auf Rädern, die sich die Stämme mit einem Greifer packten, einem Maul des Tyrannosaurus Rex nicht unähnlich, und schälten die Rinde ab. Glatte tote Stämme blieben übrig. Eine Absperrung des Wanderweges an dieser Stelle gab es nicht. Einer der Waldarbeiter sah mich und wedelte mit den Händen in der Luft herum. Dazu bewegte er ständig seinen Kopf von links nach rechts, was wohl bedeuten sollte, dass ich an dieser Stelle den Weg nicht weiter gehen konnte. So machte ich einen großen Bogen um die Arbeiten. Das Fallen der Bäume, das in der letzten Phase sich immer wie eine kleine Explosion anhörte, wurde mit der Distanz immer leiser. Ich steuerte auf den kleinen Ort *Hohnscheid* zu. Ein kleiner Junge kam im Schlafanzug aus einem der ersten Häuser des Dorfes und sah mich ungläubig und ängstlich an. Vermutlich war er erstaunt, dass jemand den Sauriern entkommen konnte. Dazu auch noch unverletzt. So ist das eben mit »Indiana Jones«.

Fast wäre ich vorbeigelaufen und hätte den weiteren Verlauf des Weges nicht gesehen. Zwischen zwei Häusern wand sich ein ganz schmaler Pfad in den Wald hinein. Solche Stellen mochte ich, das machte für mich den Reiz dieses Natursteiges aus. Es lag etwas Geheimnisvolles in der Luft. Ein ganz schmaler Pfad, der weiter und tiefer in den Wald hineinführte. Es war nur Vogelgezwitscher zu hören. Keine Sägen, kein Auto, keine Zivilisationsgeräusche.

Ein Knick nach links, dann rauf auf den Berg, flugs ein kleines Flüsschen überquert, Knick nach rechts und der Gewissensentscheid. Ein aufgestellter Pfahl mit Richtungsschildern stellte mich vor eine Entscheidung: Bin ich Alpinist oder nur ein Flachlandwanderer? Also quasi ein besserer Spaziergänger. Dieses Schild wies auf die Umgehung eines »alpinen« Streckenabschnitts hin. Für mich stand es natürlich außer Frage, dass ich die sportliche alpine Herausforderung annahm. Unwillkürlich musste ich an Luis Trenker denken, den wahrscheinlich kaum noch jemand kennt. Der ehemals berühmte Bergfex, Filmer und Schriftsteller sagte in einem Interview in imposanter Bergkulisse:

»Und dann simmer naufkraxelt und habn mit de Bubn eine prächtige Vesper ghabt!«

Und genau den Satz hörte ich jetzt »und dann simmer naufkraxelt …« Dabei musste ich schon jetzt am Anfang des Anstieges heftig atmen beim *Kraxeln*. Trenker war in der Vor- und Nachkriegszeit so etwas wie der Supermann der Tiroler Berge, statt im hautengen Stretchanzug in Knickerbockers. Er war eigentlich in seiner Heimat ein einfacher Bergsteiger. Im Jahr 1924 suchte der Regisseur Arnold Fanck einen Bergführer für seinen Film »Berg des Schicksals«. Quasi ein hochalpiner Actionthriller. Problem war nur, dass der Hauptdarsteller nicht ganz so bergfest war.

Klar was jetzt kommt: Trenker übernahm die Rolle. »Da simmer naufkraxelt ...«

»Irgendwann werde auch ich das Gipfelkreuz erstürmen«, sagte ich mir und legte erst einmal eine Verschnaufpause ein. Der Anstieg schien nicht enden zu wollen. Aber: »Der Berg ruft« und ich antworte nicht, weil ich in dem Augenblick nicht die Puste dazu hatte. Nach einiger innerer »Trenkermotivation« erreichte ich tatsächlich den Gipfel des *Stachelberges* auf 210 Metern Höhe. Geschafft! Wie hätte ich jemals daran zweifeln können. Luis Trenker würde mich bewundern.

Der Stachelberg hatte noch eine andere zunächst merkwürdige Besonderheit. Durchlöcherte schwarze Gummimatten lagen auf der Bergkuppe und dort, wo sich der Panoramablick in Richtung Burg Blankenberg öffnete, stak eine Stange mit einem rotweißen Sack, der sich durch den Wind aufblähte und hin und herpendelte. An der Stelle nahmen Paragleiter Anlauf, um sich mit aufgespanntem Schirm in die Luft zu werfen. Wie in Schlafsäcken lagen die *Piloten* unter dem geblähten Schirm, der sie mit dünnen Seilen hielt. Leider sah ich an dem Tag keinen der Paragleiter starten. Sie waren schon in der Luft und versuchten die Thermik vor dem Berg auszunutzen, um sich immer höher zu schrauben. Ich blieb eine Weile stehen. Es war ein beruhigendes Bild, wie die drei Paragleiter als bunte gewölbte Blätter im Wind schwebten. Ich hatte das selbst noch nie versucht. Bei der Bundeswehr war ich im Allgäu mit dem Fallschirm gesprungen und wir hatten Schlüsselübergaben für Kindergärten oder Sportstätten veranstaltet. Daher kannte ich ein wenig das Gefühl, in der Luft zu schweben. Die Bundeswehrschirme ließen sich damals allerdings nicht präzise steuern. Das war kein Vergleich mit den Hightech-Schirmen, die ich vor mir sah. Unsere Schirme waren dunkelgrün und konnten lediglich mit vier Leinen gesteuert werden. Das waren nicht wirklich Steuerleinen. Zog ich beispielsweise die beiden Leinen, die vorne an meinen Gurten angebracht waren, klappte der Schirm ein wenig nach vorne und ich sauste ebenfalls nach vorne. Wollte ich zur Seite, dann musste man lediglich die beiden Leinen an der rechten Schulter verkürzen, also nach unten ziehen. Das Resultat: Es ging hurtig nach rechts. Das war eher so eine *Mary-Poppins-Regenschirm-Steuerung*.

Etwas später flog ich mit dem Heißluftballon des »Warsteiner-Teams«. Im Körbchen war die Steuerung noch gröber: Sandsäckchen raus - es ging nach oben, Warmluftklappe öffnen - der Ballon senkte sich ab. Das war's. Wollte man die Richtung ändern, musste der Pilot eine andere Luftschicht suchen, die eben in genau die Richtung zog, in die der Ballonfahrer wollte. So bewegte sich der Ballon eben ständig von oben nach unten und umgekehrt. Wir erreichten eine maximale Flughöhe von 5.000 Fuß. Da es damals das erste Mal war, dass ich mit einem Heißluftballon flog, wurden nach der geglückten Landung in einem Ritual ein paar Kopfhaare von mir abgeflämmt. Das stank entsetzlich. Es gab ein Gläschen Sekt und ich erhielt nach alter *Ballönertradition* den Namen:

»*Graf Helmut vom Wiehltal, heißlüftiger Hoffotograf zwischen den Talsperren Agger und Genkel, Hüllenschapser neben dem Unnenberg und windsacksuchender Hofrath vom Flugplatz Meinerzhagen*«.

Nun ja … Das mit dem *heißlüftigen* Hoffotograf hatten die Ballonfahrer genommen, weil ich aus dem Körbchen ein paar Luftaufnahmen gemacht habe. Den Namen müsste ich mir eigentlich merken, falls ich noch mal in die Gelegenheit komme, mich mit Ballonfahrern zu treffen. Aber mal ehrlich: Kevin Costner hatte es da einfacher … »Der mit dem Wolf tanzt«. Vermutlich war »Der mit dem Körbchen fliegt« schon besetzt. Anders kann ich mir meinen langen Namen nicht erklären.

Nun sah ich die Paragleiter leicht, wie dicke Raupen oder Nachfalter im Sonnenlicht durch die Luft schweben. Immer der Thermik voraus. Manchmal dachte ich, ich hätte einen der Piloten ganz leise: »*Huiiiiii …!*« rufen hören. Es sah jedenfalls aus, als würde es ihnen Spaß machen.

Ich richtet wieder den Blick auf den Boden, hinunter von der Gummimatten-Kuppel ins Gebüsch und gleich hinter einer Schutzhütte standen Bäume. Der Abstieg von der Kuppel mit den Paragleitern wurde, wie versprochen, alpin! Schroffe kleine Felsbrocken lugten aus der Erde. Seile waren als Halt zwischen den Bäumen gespannt und das Gefälle nahm mächtig zu. Wie bei einem schräg gestellten Reibbrett für Reibekuchenkartoffeln sah der Abhang aus. Da sollte ich runter? Vielleicht übersah ich ja nur den Lift, der mich sicher und sanft hinuntertrug. Kein Lift! Nur ich und mein Wanderstock, auf den ich mich nun verließ, ihn nach vorne vortasten ließ, mich mit der linken Hand auf ihm abstützte und mit der rechten am Seil festhielt, das zu allem Überfluss nachgab. Ich rutschte, bekam in letzter Sekunde das Seil wieder zu fassen, mein Magen krampfte sich zusammen. Jetzt nur nicht hinfallen mit dem schweren Rucksack auf dem Rücken. Rutschend, stakend und am Seil entlang hangelnd erreichte ich schließlich wieder sichern waagerechten Grund und dachte noch einmal kurz darüber nach, ob ich nicht doch besser den etwas längeren, aber dafür weniger alpinen Wege hätte nehmen sollen. Den Gedanken verwarf ich schnell, denn sonst hätte ich nicht den Flug der Paragleiter von der Kuppe aus beobachten können. Das war die Strapaze schon wert. Den Rest der Etappe tänzelte ich fast leichtfüßig über den breiten Forstweg, der immer entlang der Sieg verlief. Das allerletzte Stück, bevor die Burg der Stadt Blankenberg vor mir lag, zog sich entlang der Regionalbahnlinie. Hier fährt die S 12 bis nach Düren oder die RE 9 bis nach Aachen. Man muss ein Stück des Weges über den Stahl der Brücke, die sich über die Sieg spannt. In der Mitte hielt ich wieder kurz an, um in den Fluß zu sehen, der ganz klar, durchsichtig bis auf den Grund, unter mir floss. Wer von dort den Blick hebt, für den wächst das alte Gemäuer der Burg majestätisch in den Himmel. Ich konnte mir vorstellen, wie die Wanderer in den vorigen Jahrhunderten vom Flussufer aus hinaufblickten. Die Stahlbrücke einschließlich Eisenbahn, war noch nicht einmal erfunden. Was mögen sie gedacht haben? Sicherlich waren sie müde und dachten an ein Schweineschnitzel (Anmerkung für Vegetarier: Tofuschnitzel gab es vermutlich auch noch nicht) und einen Humpen Wein, um danach in einer Herberge wohlig ins Stroh zu sinken. Das leise Schnaufen und gelegentliches Wiehern der Pferde in der Burg als Schlaflied.

Das hätte mir an diesem späten Nachmittag wohl auch gefallen.

Troubadix mit Sohn und Wohnfässchen

VON STADT BLANKENBERG NACH MERTEN

Wenn es der Wanderer mag, kann er natürlich jederzeit zur Belagerung der Burg übergehen. Kommt er von der Bahnstation, geht es zunächst an Feldern vorbei, die oft ein wenig streng riechen. Egal zu welcher Jahreszeit, es ist, als ob immer ein wenig Jauche in die umliegenden Pfützen eingesickert sei. Ach ja und es ist ratsam, falls Sie lieber Leser mit der Bahn aus Köln gekommen sind, einfach auf dem Bahnsteig zu bleiben. Immer die Festung fest im Blick und in diese Richtung weiter gehen, direkt auf den kleinen Weg, der sich hinter den Bahnsteig duckt. Am Ende ist die gelbe Zuweg-Beschilderung zum blauen Natursteig. Es geht schnurstracks auf die Burg zu, die hoch über der Siegschleife im 12. Jahrhundert erbaut wurde. Hier und da stehen schon mal kleine Schafe links und rechts herum, lassen sich nicht beirren und blöken. So werden in Blankenberg die Wanderer begrüßt. Obwohl ... oft habe ich den Eindruck, dass die Schafe mich ein wenig *ausgeblökt* haben. Ich denke immer wieder, dass wir für die Tiere völlig unverständlich sind. Da haben wir schon ein Auto und wir wandern.

Schaf Herta dazu:

»Wenn wir ein Auto hätten, würden wir in den Süden fahren und nicht auf der Wiese herum tapsen. Sand an den Hufen soll ein hervorragendes Peeling sein. Hört man immer wieder.«

Nun muss man natürlich wissen, dass es sich hierbei am Wegesrand nicht um gewöhnliche Schafe handelt, sondern um »Skudden«. Die sind Kleiner und vorwitziger. Kurz bevor ich die Burg erreichte und mich entscheiden musste, wie herum ich laufen wollte, standen die Skudden wieder auf einer Wiese an der rechten Seite des Wanderweges. Sie sahen mich an. Ich ignorierte sie und hielt das alte Gemäuer vor mir fest im Blick.

Noch eine kleine historische Anmerkung zu den Skudden. Man munkelt, dass es sich dabei um das »Schaf der Wikinger« handelt. Vielleicht deshalb, weil die Skudden etwas kleiner sind und mal eben von einem kräftigen Wikinger unter dem Arm genommen und aufs Schiff getragen werden. Möglicherweise. Einmal jährlich kommt die Wolle runter. Sie sind das ganze Jahr über draußen und begnügen sich mit einer Skuddengarage, die meistens zu drei Seiten hin offen ist. Im Rhein-Sieg-Kreis mümmeln die Skudden gerne auf den Streuobstwiesen.

Ich überquerte die Straße und ging einen kleinen Feldweg hinauf, der in einem alten hohen Tor endete. Links herum war ich schon einmal vor längerer Zeit gegangen. Ich wollte damals einen kleinen Spaziergang durch die Burg machen. Spaziergänger folgen dabei einem alten Pfad um Wiesen herum, auf denen früher kleine Fachwerkhäuser standen. Davon ist schon lange nichts mehr zu sehen. Warum waren sie jetzt nicht mehr da? Wilde Theorien schossen mir durch den Kopf. Ein fürchterlicher Brand, Termitenfraß oder vielleicht waren die Bewohner ausgewandert und hatte ihre Häuser verlassen, die dann schmählich verrotteten.

Etwas abseits legten die Burgbewohner einen Kräutergarten an, der natürlich nur dann Sinn macht, wenn die Sonne lacht, alles blüht, duftet und das Gesumme der Insekten die Luft erfüllt. Das sind völlig andere Geräusche im Gegensatz zur Großstadt, wo allenfalls ein SUV mit einem Profilneurotiker aufheult oder ein Brummi versucht an der Ampel flott zu starten. Wann habe ich das letzte Mal wirklich Stille erlebt? Es gibt immer irgendwo ein Geräusch, ein permanenter *Geräuschenebel*, der sich über die Welt legt. Forscher haben herausgefunden, dass auch die Welt selbst ein Geräusch macht. Ein permanentes Brummen. Es heißt, dass der Ausbruch des Vulkans auf der Insel Krakatau im Jahre 1883, das bisher lauteste Geräusch auf der Erde gewesen sei. Der Knall war noch in der Nähe der

Insel Mauritius zu hören, und die ist gut und gerne 4.800 Kilometer entfernt. Der Schall brauchte vier Stunden, um überhaupt dorthin zu kommen. Habe ich schon bemerkt, dass die Stadt Blankenberg nur einige Kilometer vom Siebengebirge entfernt ist und das die Berge dort nichts anderes sind als erloschene Vulkane? Das könnte sofort sehr laut werden.

Wer dem Weg um die nicht vorhandenen Fachwerkbauten folgt, der muss sich ebenfalls noch einmal durch einen verwunschenen Torbogen zwängen, der von unterhalb des alten Gemäuers erst nicht zu sehen ist. Anschließend folgt der Weg um die Burgmauer herum und am Ende kommt der Spaziergänger auf einen großen Platz, der früher wohl ebenfalls vor den Toren der Burg lag. Nun sind wir aber Wanderer und die gehen gleich durch die Mitte des kleinen Burgdorfes. Vor allem dann, wenn das Schild auf eine Bäckerei hinweist. Verlockungen, denen ich auf der Wanderung nun wirklich nicht widerstehen kann.

Den Blick auf den kleinen Marktplatz gerichtet, der hundert große Schritte vor mir lag und auf der Spitze eines Berges zu liegen schien, sah ich aus den Augenwinkeln das zweite Schild: »Kaffee und Kuchen - mit Aussicht«. Magisch, wie von einem Gummiband gezogen, bog ich nach rechts ab. Eine Käsetorte schien tatsächlich auf mich gewartet zu haben. Habe ich schon jemals eine Käsetorte stehen lassen? Ich kann mich nicht erinnern. Ich bestellte ein Stück plus Kaffee und ging auf die Terrasse hinter der Konditorei. Vier Tische standen dort und nur zwei waren mit Spaziergängern besetzt. Ich setzte mich an den linken Tisch, meinen Rucksack neben mir, der mich als wahren Wanderer auswies. Von dort konnte ich an einem Baum vorbei die Siegburger Abtei sehen. Und ich sagte mir, dass ich den Kuchen wahrhaftig verdient habe. Die Abtei war weit weg und saß, aus dieser Perspektive, wie eine Pickelhaube auf dem Michaelsberg. Früher muss das von der Burg der Stadt Blankenberg aus noch eindrucksvoller gewesen sein. Zwischen Burg und Abtei, für die damalige Zeit monumentalen Bauwerken, gab es nur Wald, durchzogen von dem einen oder anderen Wanderweg, der den Klerus mit dem Adel verband. Und natürlich, wie könnte es anders sein, einen Pilgerweg. Den habe ich einmal mit meinem Sohn Robin sportlich absolviert.

SPEZIALETAPPE
MIT ROBIN RUND UM BLANKENBERG

Mit meinem Sohn zu wandern, das hatte ich mir schon lange vorgenommen. Er kam am frühen Morgen zu mir, im Rucksack hatte er einen kleinen Gaskocher, so einen bei dem der Brenner direkt auf die Kartusche geschraubt werden kann. Kaffee hatte er zusätzlich dabei.

»Das habe ich letzte Woche auch mit einem Kumpel gemacht. Wir sind in den Wald gegangen und haben uns nach drei Stunden erst einmal einen Kaffee gekocht.«

»Gut«, dachte ich, »kann man machen.« Ich hatte natürlich einen kleinen Wissensvorsprung, denn wir würden für den Weg rund dreieinhalb Stunden brauchen. Möglicherweise sind wir dann schon zuhause und trinken dort einen Kaffee. Wir wanderten zunächst über den alten Pilgerweg hinunter nach *Halberg*. Mein Sohn Robin, natürlich sportlich durchtrainiert, sauste los. Ich versuchte Schritt zu halten. Das gelang mir einigermaßen, allerdings verriet mich mein roter Kopf, dass da Anstrengung im Spiel sein musste. Schon als Kind hatte er Leistungssport betrieben und war von einem ehemaligen DDR-Trainer geschliffen worden. Der allerdings immer wieder vergaß, dass es sich dabei um Kinder handelte und die auch mal spielerisch an den Sport herangehen sollten. Keine Chance. Wer schließlich Leistung bringen und erfolgreich sein wolle, müsse hart zu sich selbst sein. Ich tat mich damals mit einigen Eltern zusammen und wir suchten uns einen anderen Trainer, für den die kleinen Schwimmer mal Spaß haben durften. Das Ego des Trainers stand hinter dem Wohl der Kinder. Jedenfalls hatte ich den Eindruck, das Robin auf unserer Wanderung mal dem »Paps« zeigen wollte, was eine Harke ist. Es gab zwar bisher keinen Wanderrekord auf der Strecke Blankenberg, aber den würde wir schon setzen.

Von Halberg aus bogen wir in Richtung Brücke über die Sieg. Den Starkregen einige Tage zuvor, hatte ich völlig unterschätzt. Die Sieg, die sonst gemächlich an dem Berg, auf dem die Burg steht, vorbeifloss, glich einem gefährlichen Strom. Die Felder rings herum, bis an die Häuser, machten den Eindruck, als ob wir über das Mekong-Delta marschieren würden: Tannenbäume, dicke Baumstämme, ganze Inseln aus Geäst rasten in einem Höllentempo unter der Brücke durch.

»Hoffentlich sind die Pfeiler der Brücke stark genug im Flussbett verankert«, dachte ich unwillkürlich. Nicht weit von der Stelle entfernt, in Hennef, war eine Fußgängerbrücke gesperrt worden, weil sie marode war.

Nachdem wir die Brücke überquert hatten, mussten wir in Richtung Bahnschienen. An ein Weiterkommen auf dem normalen Wanderweg war nicht zu denken. Wir gingen über die Fußgängerbrücke auf die andere Seite der Schienen. Vorbei an einer Batterie von leeren Bierflaschen, die am Rand des Weges lagen.

»Die Menschen haben echt zu viel Geld«, sagte ich zu Robin, »wenn wir die ganzen Flaschen aufsammeln und zur Pfandflaschenabgabe bringen, wäre unsere Wanderermittagessen gesichert.« »Da ist mal locker ein dickes Brathähnchen drin«, antwortete er schmunzelnd.

Er denkt als Sportler an die optimale Aufnahme von Kalorien, damit wir die nächsten zwanzig Kilometer flott marschieren können. Ich nicht. Das sagte ich aber nicht. Möglicherweise war ich früher auch so, aber mittlerweile muss ich einfach nicht möglichst schnell ankommen. Das Ziel zu erreichen ist selbstverständlich, aber ich genieße mehr den Weg dahin und der führte direkt zum Aufstieg auf die Burg zu. Nach einer Steintreppe, Robin nahm zwei Stufen auf einmal, schlängelte sich der Weg mit einer leichten ständigen Steigung bis hinauf zur Burg. Auch ich kam schließlich mit etwas Verspätung an. Zwischen dem eingefassten Gelände für den Kräutergarten und dem Burgturm, grasten Pferde auf der Wiese. Pferde gab es an der Stelle schon immer, aber keine Wiese. Wie es dazu kommen konnte, dazu habe ich ja schon Vermutungen angestellt. Der Wiesenplatz war das Terrain der eigentlichen kleinen Stadt, die aus vielen kleinen

Fachwerkhäusern bestand. Wo Menschen geschlafen, geliebt, gegessen und gestritten haben, grasten jetzt die Pferde. Durch ein Loch in der Burgmauer umkreisten wir die gesamte Burg. An einem kleinen Weinberg vorbei, trafen wir auf die Skudden. Der Hinweis auf die niedlichen Wolltiere quittierte Robin mit einem Lächeln und »*Hmmm*«. Wir sprachen auf dem Weg nicht viel, brauchten wir auch nicht, denn wir verstanden uns auch so. Wir genossen es beide, Vater und Sohn, ein Stück Weg gemeinsam zu gehen. Reden überflüssig. Ein paar Häuser tauchten auf, das Dörfchen …. Nach einem kurzen Stück Asphalt, begann rechts einer der kleinen Traumwege auf dem Natursteig Sieg. Schmal, eher ein Trampelpfad, durchzog er den Wald rechts von einem kleinen Flüsschen, das durch die Regenfälle der vergangenen Tage ebenfalls angeschwollen war. Der Bach machte den Eindruck, als fühle er sich nun wie ein großer Fluss. Mit ein wenig Stolz mäanderte er sich durch den Wald. Wildschweinschnauzen oder besser Rüssel, hatten die kleinen Ufer links und rechts durchwühlt. Vermutlich suchten sie an den Stellen nach kleinen fressbaren Wurzeln oder hatten einfach Spass beim Schweinerüsselwühlen. Wenig später gab uns der Weg den Blick frei auf die gesamte Burg. Vor dem Panorama machte Robin ein *Selfi* mit »Paps« und schickte es gleich seiner Freundin. So konnte sie mühelos die Höhepunkte unserer Wanderung miterleben. Vermutlich hatte sie verzichtet, weil sie die »beiden Jungs« mal alleine losziehen lassen wollte. Ich genoss es jedenfalls, mit meinem Sohn eine kleine Wanderung zu machen. Er verriet mir noch, als ich mit hochrotem Kopf und ein wenig nach Luft schnappend neben ihm stand, dass er vorhabe, nachher noch eine kleine Joggingrunde zu machen. ... *Da bin ich raus!*

Wir stiefelten vom Berg hinunter und überließen den *Papa*-oramablick der Burg, die majestätisch auf dem Hügel thronte. Unten angekommen machten wir uns auf den Weg zur Bahn, die gleich, wie bestellt, an den Bahnsteig fuhr. Die »S12« brachte uns nach Siegburg. Wir hatten beschlossen dort in einer Pizzeria, dem »Tusculo«, etwas zu uns zu nehmen. Vor kurzem war diese Pizzeria zu den Besten in Deutschland gewählt worden und das nicht nur von mir.

Das kleine Wagenrad, solche Ausmaße hatte die Pizza, fand Gnade unter den Augen meines Sohnes. Die Teller konnten den Rundteig gar nicht halten und die Pizza bog sich sanft über den Tellerrand. Das schien offenbar genau die richtige Größe für ihn zu sein. Ob das mit dem Joggen an dem Tag bei ihm noch was wird? Man weiß es nicht. Aufgrund meiner kleinen Empfehlung kam anschließend, neben dem obligatorischen Espresso, noch ein wenig Tiramisu hinzu. Die Schokosoße floss in dünnen Linien über das

Tiramisu und setzte ihren Weg über den Teller fort. Kein Mensch weiß, warum das alle italienischen Lokale so drapieren.

Mit dicken Bäuchen marschierten wir zurück zum Siegburger Bahnhof, stiegen wieder in die S12, um nach Hennef zu fahren. Meine Freundin würde uns dort am Bahnhof abholen. Robin hatte den Lohn für ihre Mühe in einem Doggybag. Das Tiramisu versuchte sich am Boden der Box festzuhalten, was aber aufgrund der Konsistenz nicht wirklich gelang. So kam sie schließlich leicht angedätscht in Hennef an. Dort wurde es dennoch mit großer Freue in Empfang genommen und gleich bei Ankunft in der Wohnung aus seiner Schachtel entfernt. Robin und ich sahen lächelnd zu, wie sich die Sahne in den Mundwinkeln festhielt, um gleich darauf bei halb geschlossenen Augen mit der Zunge weggewischt zu werden.

Ich sah meinem Sohn noch nach, als er später mit dem Wagen davonfuhr. Es wird wohl wieder etwas länger dauern, bis ich ihn wiedersehe. Das ist völlig in Ordnung, denn er hat nun sein eigenes Leben und ich spiele nicht mehr die Rolle des Vaters, die ich früher einmal darstellte. Alles ist in Ordnung und doch schloss ich die Wohnungstür hinter mir mit einem Seufzer. Auch das ist ein Weg den wir gehen - einen Lebensweg.

An diese Wanderung mit meinem Sohn musste ich denken, als ich mich wieder alleine auf den Natursteig-Sieg befand, um nach *Merten*, meinem nächsten Etappenziel zu kommen. Es war noch ein ganz schönes Stück von Stadt Blankenberg nach Merten. Dabei wanderte ich weiter durch den Wald, mal Nadel, mal Laubwald. Ich träumte vor mich hin, wie es wohl im Mittelalter gewesen sein mochte. Ich, der Troubadix, der Dichter, auf dem Weg zu einer anderen Burg, wo meine Dienste für einen jungen Prinzen benötigt wurden, der ein Burgfräulein umgarnen wollte. Er war leider nicht die hellste Kerze auf der Torte. So nahm ich denn meine spitze Feder und tunkte sie in das Tintenfass, sah vor mir ein wunderschönes Burgfräulein und legte los:

»Oh, du holde … (was auch immer … ich denke) Maid.«

Das kam immer gut und war zunächst einmal neutral. Zu der Zeit sollte der Troubadour vorsichtig sein. Ein falsches Wort und er hatte aus-troubadixt. Sie wissen schon. Das ist auch heute in manchen Ländern immer noch gang und gäbe.

Glücklicherweise führte mich der Weg zum Etappenziel *Schloss Merten*. Dabei handelte es sich in erster Linie, bereits seit den Jahr 1160, um ein Kloster der Augustinerinnen. Aber so genau wissen das die heutigen Historiker nicht. Jedenfalls hätten sich die

Augustinerinnen nicht so sehr über einen Troubadour gefreut, der um die Hand einer der Nonnen angehalten hätte. Unmöglich! Trotzdem freute ich mich auf die Wanderung durch das Naturschutzgebiet *Ahrenbach* und *Adschertal*. Durch einen sonnendurchfluteten Buchenwald nach *Süchterscheid*, in der eine kleine Wallfahrtskirche auf mich wartete. Es heißt, dass 1506 der *Ritter Bertram von Nesselrode* die Kirche stiftete. So quasi unter dem Motto »Man weiß ja nie … lieber mal nicht nur mit dem Schwert herumhauen, sondern einen Ausgleich der Taten für später schaffen.«

Heute würde man vermutlich sagen, er strebe eine »Win-win-Situation« an.

In Süchterscheid hat der Wanderer die Hälfte dieser Etappe erreicht und er kann an einer kleinen Stehle ein Männchen auf einem Bein rubbeln, sofern man ein Blatt Papier und einen Bleistift zur Hand hat. Es sind die metallenen Etappensiegel, die meistens an kleinen Stehlen oder schon mal an einer Bank angebracht sind. Dieses Männchen gibt an, dass man Bergfest feiern könnte. Wenn man denn wollte. Ich wollte das nicht und marschierte weiter. Links und rechts des schmalen Pfades wuchs Ilex oder auch Stechpalmen genannt, und ich passte auf, dass ich nicht an die stacheligen Blätter kam. Vor mir tauchten Zitronenfalter auf und zwei von ihnen begleiteten mich eine ganze Weile auf dem Weg.

Zwei wunderschöne gelbe Tupfer, die mich träumen ließen. Ich stellte mir vor, dass es kleine Wesen gab, die in dem wunderschönen Wald lebten. Vielleicht saßen sie gerade gemütlich unter einem großen Pilz und beobachteten bei einem Tee ebenfalls den Staffelflug der Zitronenfalter.

Kurz bevor ich das *Krabachtal* erreichte, stieg ich wieder einmal steil einen Berg hinauf. Das war so auf dem Natursteig Sieg nicht vorgesehen und von mir eigentlich auch nicht. Irgendwo hatte ich einen Abzweig verpasst und dann steht der Wanderer immer vor der Frage: »Zurück oder weiter voran? Was ist das kleinere Übel?« Ein zerfurchter Weg über dicke Wurzeln, umgesägten Bäumen, ließ mich klettern und hopsen. Ich sah am Ende des Aufstiegs, dass es immer weniger Bäume gab und das Licht des Himmels mehr durchschimmerte. Ich schnaufte ordentlich, als ich oben ankam und vor mir Weiden und Äcker lagen.

»Gut«, sagte ich zu mir selbst, »ist jetzt wenigstens übersichtlich.«

Ich wanderte entlang der äußersten Ackerfurche. Ein kleines weißes Bällchen kullerte mir zu Füßen. Ich hob ihn auf.

»Ein Tennisball! Wo kam der denn jetzt her?«

Ich drehte mich nach allen Seiten um. Hinter mir der Wald, dem ich gerade entronnen war und vor mir der Acker. Nachdem ich noch ein paar Meter weiter ging, sah ich in der Ferne eine Wiese, die raspelkurz wie ein englischer Rasen daherkam. Kühe oder Schafe konnten das nicht so akkurat abgefressen haben. Da war ich mir in dem Moment sicher. Es war tatsächlich ein Golfplatz auf dem Zuweg zum *Gut Heckerhof*. Dazu gehört auch ein Hotel, wie könnte es anders sein. Die Preise waren so gestaltet, dass ich mir höchstens ein Kinderbett bis 12 Jahre hätte leisten können und ich habe mir die Blicke ausgemalt, wenn man mich an der Rezeption mit meinem quietschgrünen Rucksack wahrgenommen hätte.

»Eine Nacht, Sir?«

»Ja, ich muß morgen weiter, wissen Sie, ich bin nämlich auf dem …«

»Haben Sie Gepäck?«

»Äh - ja, auf meinem Rücken, mehr nicht.«

Das hätte vermutlich nicht besonders gut gepasst und dann noch mit meinen Schuhen, die eine Spur in der Lobby hinterlassen und ein Bediensteter des Hotels gleich dienstbeflissen hinter mir hergefeudelt hätte. So verwarf ich den Gedanken, mich in einem weichen Bett ausstrecken zu können. Die Betten waren sicherlich sowieso zu hart für mich.

Ich erreichte einen größeren Wirtschaftsweg und sah einen anderen Wanderer, der mir entgegenkam. Er war in eine Karte vertieft.

»Guten Tag, herrlicher Tag zum Wandern nicht?«, sagte ich freundlich.

Der Wanderer trug eine braune Regenjacke und neben ihm saß ein freundlicher kleiner Hund, der mich interessiert musterte. Beide sahen mich an.

»Tag, ja herrlich. An solchen Tagen bin ich immer lange unterwegs.«

»Wo geht es denn hin«, fragte ich interessiert nach und hoffte, dass er in Richtung Merten unterwegs war und mir die Richtung zeigen konnte.

»Nach Schloss Merten!«

»Das ist ja ein Zufall, genau da will ich auch hin. Was ist denn der beste Weg von hier aus?«, fragte ich nach. Ich wollte mir schließlich keine Blöße geben, dass ich mich eventuell verlaufen hätte. Aber nur *eventuell*.

»Na immer hier auf dem Weg gerade aus und wenn Sie die Sieg erreicht haben, gehen Sie einfach nach links in Richtung des Örtchens Bach.«

»Prima, Dankeschön, bei Bach hätte ich mich sicherlich verlaufen.«

Hund und Herrchen sahen mich ungläubig an und verabschiedeten sich. Ich guckte noch ein wenig in die Luft und Richtung Golfplatz, so als wollte ich mich noch ein wenig in der Gegend umschauen. Offensichtlich mochte er lediglich in Gesellschaft seines Hundes den Weg fortsetzen. Das konnte ich gut verstehen. Wenn man alleine durch die Natur wandert, ist der Kontakt zu ihr viel intensiver. Kein Gerede übertönt das Zwitschern der Vögel, das Rauschen der Blätter. Der Mensch nimmt sich in dem Augenblick selber wahr.

Ich schätzte seine Geschwindigkeit ein und berechnete dazu gelegentliche Schnüffel- und Markierungsphasen seines Hundes. Ich kam auf rund 200 Meter Abstand, fixierte einen Punkt, wo er die erreicht haben könnte. Ein alter Baum war da die perfekte Marke. Als Hund und Herrchen die Marke passierten, setze ich meinen Weg in die gleiche Richtung fort. Schließlich verschwand meine »Navigation« in einem Wald weit vor mir. Als ich die zweihundert Meter Distanz ebenfalls zurückgelegt hatte, setze ich mich auf eine Bank, die links am Wegrand sehr einladend dastand. Manchmal ist es schön, nicht nur zu wandern, sondern inne zu halten. Ich blickte über die Wiesen und Felder, die ich bereits passiert hatte, hörte die Vögel zwitschern, einen Specht klopfen und ab und zu den Schrei eines Bussards irgendwo über der Wiese. Die Luft war angenehm. Es reichte, in dem Augenblick einfach da zu sein. Ich musste nichts tun, nicht gehen, nicht denken, nicht sprechen. Ich war einfach nur da. Das ist einer dieser

Momente, die ich auf den Wanderungen immer gesucht habe. Es gibt kein Ziel.

Die Wolkendecke wurde dichter, zog sich zusammen. Zwischen den Wolken bildeten sich Spalten, durch die die Sonnen ihre Strahlen zum Boden schickte. Sie projizierten das Bild einer durchsichtige Himmelsleiter. Jenseits der Wolken musste ein herrliches Land liegen, in dem Sorgen und Nöte nicht existieren. Apropos Sorgen und Nöte. Es wurde Zeit aufzubrechen, da ich noch nicht wusste, wo ich übernachten konnte. Eines war klar: Mein Ziel war Merten. Das Schloss. Einmal auf dem Wanderweg so richtig mal hochherrschaftlich übernachten. Ein superweiches Bett, in dem ich einsinke, als ob ich mich auf eine weiße Wolke legen würde. Des Morgens ein leichtes, zartes Klopfen an der Flügeltür. Ich hauche ein »Herein«, und der Duft von frischem Kaffee und einem zarten Blätterteichcroissant wabert bis an mein Bett.

»Stelle Sie es hier vorne ab«, weise ich an und richte mich im Bett auf. Das Zimmermädchen stellt das Tablett neben meinem Bett auf das kleine Schränkchen, lächelt mich an und wünscht mir noch einen schönen Morgen. Sie schließt geräuschlos die Tür hinter sich. Das war jetzt nur wirklich kein Vergleich mit der harten Bank, auf der ich gerade saß. Ich schulterte meinen Rucksack und folgte dem Weg in den Wald hinein. Es dauerte nicht lange und ich erreichte das Örtchen Bach.

Hoch oben, auf der anderen Seite der Sieg, war das Schloss Merten zu sehen. Mein Schloss mit dem Bett für den »Herrn Wanderer«. Dann fiel mir ein, dass das gar nicht funktionieren kann. Ich hatte nachgelesen, dass schon 1217 in einer Urkunde erwähnt wurde, dass kein Laie innerhalb der Klostermauen leben durfte. Es war ein Kloster der Augustinerinnen. Also konnte ich meine hochherrschaftliche Übernachtung wohl abschminken. Wenn überhaupt, wäre für einen armen, zerlumpten Wanderer ein karge Klosterzelle frei gemacht worden. Dunkle Mauern, ein Holzbett, mit Stroh und einer kratzigen Wolldecke löste nun mein Bild vom Himmelbett ab. Mein Gang in Richtung Schloss wurde schwerer. Drohend sah ich die Klosterkirche St. Agnes, mit ihren beiden ungleichen Türmen. Einer von beiden muss noch ordentlich wachsen, um einmal so groß zu werden wie der andere. Wo hatte ich noch die Broschüre, ach hier:

»Das Kloster wurde am 17. November 1803 säkularisiert.«

Wolfgang Alexander Albert Eduard Maximilian Graf Berghe von Trips, der Formel 1 Rennfahrer, hatte in dem Schloss einiges im Zweiten Weltkrieg eingelagert, um es vor dem Krieg zu schützen. Hat nicht so richtig geklappt. Das Schloss geriet unter Artilleriebeschuss und brannte aus. Das Eigentum des Grafen Trips war verkokelt. Nichts zu machen. Heute ist der hochherrschaftliche Glanz verloren und das Schloss Merten wurde als GmbH am 28. Februar 1991 zu einem Seniorenwohnpark. Eine kurzzeitige Pflege sei allerdings ebenfalls möglich. Ich dachte kurz nach, kam aber dann zu dem Schluss, dass das für mich nicht in Frage käme.

Ich marschierte dennoch schnurstracks über die Brücke der Sieg. Am Ende waren schon die mächtigen braunen Klostermauern zu sehen, davor ein kleiner Rastplatz. Ich musste weiter und sah einen kleinen Rundbogen in der massiven Mauer. Es hatte etwas Verwunschenes. Entlang der dicken Mauer schlängelt sich der schmale Pfad, rechts davon geht es steil den Abhang hinab und das lichte Gebüsch bot den Blick auf die Sieg. Irgendwo gab es sicher oberhalb der dicken Mauern eine Klappe, durch die eine Leiche entsorgt werden konnte. Der erste furchtbare Mord hinter den Klostermauern. William von Baskerville wird geholt, um den mysteriösen Mord in dem Kloster aufzuklären. Noch ist kein Brandgeruch zu riechen, noch hat der Jorge von Burgos die altehrwürdige Bibliothek mit dem zweiten Buch der Poetik vom Philosophen Aristoteles. Möglicherweise eine Komödie und gelacht wird hier nicht.

Gut, sagen wir es mal so: »Der Name der Rose« wird sich in Merten nicht wiederholt haben.

Oben angekommen, blickte ich auf einen kleinen Friedhof mit folgendem Schild am Eingang:

»Auf den Friedhöfen der Gemeinde Eitorf dürfen nur kompostierbare Materialien verwendet werden. (Friedhofssatzung v. 13.11.1991).

« Also dürfen auf diesem Friedhof niemals Roboter beerdigt werden«, schloss ich haarscharf daraus.

»Irgendwo musste es aber doch auch in die Schlossanlage hineingehen«, dachte ich und folgte weiter der Mauer. Schließlich eindeckte ich eine kleine Toreinfahrt in dem massive Mauerwerk. Wunderschöne Kieswege schlängelten sich durch die Anlage, befahren mit Rollatoren. Gleich links hinter der Toreinfahrt, erspähte ich an diesem Tag den einen oder anderen Senior mit einem Stückchen Torte. Eine kleine Treppe wurde geentert, vor der fast griechisch anmutenden Säulen stehen. Ich schwimme dem Tortenstrom entgegen und stieg die Stufen zu der *Orangerie* hinauf. An diesem Tag herrschte Hochbetrieb. Ich stellte mich in die Schlange der Wartenden vor der Tortenausgabe und als ich an der Reihe war, gab es für mich eine gedeckte Apfeltorte und einen Cappuccino aus der Kaffeemaschine. Natürlich nicht umsonst. Die anderen in meiner Seniorenschlange beglichen ebenfalls einen kleinen Obolus und wendeten sich in Richtung Ausgang, die Treppe hinunter und auf einen kleinen Teich zu. Ich tat es ihnen gleich, reihte mich in den

Rollatorenzug ein und setze mich am Rande des Teiches ebenfalls mit Torte und Cappuccino. Die Sonne stand bereits tief, aber einen gedeckten Apfel in der Abendsonne ist nach einem langen Tag auf Wanderschaft wirklich etwas Herrliches.

»Kann man hier übernachten?«, fragte ich meinen Nachbarn zur Rechten.

»Was!?«, schallte es laut zurück.

»Ü-b-e-r-n-a-c-h-t-e-n!«, wiederholte ich. Meine Frage schien nicht so recht angekommen zu sein.

»Übernachten?«

Insgeheim hoffte ich, dass dieser Dialog so nicht noch eine Weile hinzog und ich zu einem Ergebnis kam. Mein Nachbar versank in sich. Ich vermutete, dass er nachdachte und ich fasste mich in Geduld.

»Übernachten?«, fragte er noch einmal vorsichtig, fast kleinlaut.

Nichts, ich hatte es leider befürchtet, doch erstaunlicherweise folgte nach einem Luftschnapper noch ein ganzer Satz.

»Nö, das geht hier nicht für Fremde.«

Ich bedankte mich für die rasche Antwort, schob mir noch den Rest vom Kuchen in den Mund, ein wenig zu viel auf einmal, aber ich wollte die Bank verlassen.

»Einen schönen Tag noch«, rief ich und schulterte den Rucksack. Den Teller musste ich in die Orangerie zurückbringen. Dort erhielt ich die gleiche Auskunft.

Wenn auch ein wenig charmanter von einer jungen blonden Dame mit einem Dutt. Ich vermutete, dass sie in den Semesterferien hier jobbte.

»Nein, das tut mir sehr leid, aber das geht leider nicht, denn das Schloss ist eine Seniorenresidenz.«

Diese Ablehnung meiner selbst, fühlte sich in dem Augenblick wie ein Kompliment an.

»Aber«, setzte sie lächelnd nach, »wenn sie über die Brücke gehen, finden Sie links einen großen Campingplatz, *Happach* heißt der und vielleicht gibt es da eine Möglichkeit.«

Das höre sich doch gut an, erwiderte ich und machte mich auf den Weg zurück über die Brücke und am Ende angekommen, erspähte ich in der Ferne, gleich unter der Eisenbahnbrücke, den Campingplatz mit seinen Wohnwagen. Wie ich weiß, ist gerade der Rhein-Sieg-Kreis ein Camping-Urlaubsgebiet für Großstädter aus Bonn oder Köln. In den meisten Fällen waren das Dauercamper. Möglicherweise konnte man da etwas arrangieren. Denn der Dauercamper campt eben nicht dauernd, sonst bräuchte er ja keine Wohnung mehr.

Am Ende der Brücke steppte ich kurz eine Treppe hinunter und beschleunigte an der Sieg entlang Richtung Campingplatz, der tatsächlich gut aus der Ferne auszumachen war. Es dämmerte schon und daher hatte ich nicht mehr wirklich viel Zeit. Die Füße taten mir weh, ich war müde und ein kuscheliges Bett in einem wohl temperierten Campingwagen war genau das, was ich gerade bräuchte. Als ich die ersten Wohnwagen erreichte, wies mir ein Schild den Weg zwischen ihnen zur Rezeption. Es war, wie auf den meisten deutschen Campingplätzen, der einzige feste Backsteinbau. An der Vorderseite standen zwei rote Sonnenschirme mit einer Getränkewerbung. Sie waren aufgespannt, aber es befanden sich keine Stühle oder Tische in ihrem Schutz. Daneben eine Tür. Als ich den Raum betrat, bot sich mir das typische Bild eines Kiosks mit Getränken, Zigaretten und Süßigkeiten.

»Hallo?«, rief ich vorsichtig. Neben den hinteren Regalen war eine offen Tür und ein älterer Mann, in einem grauen, groben Pullover »Marke Selbstgestrickt« stand im Rahmen.

»Oh - ich habe Sie gar nicht gehört«, sagte er in einem ziemlich neutralen Ton.

»Guten Abend, ich suche eine Möglichkeit mein müdes Haupt für die Nacht zu betten«, sagte ich und wußte in dem Augenblick, als ich das Gesicht des Mannes sah, dass ein wenig Poesie jetzt gerade nicht angebracht war. Er befand sich im Standby und so versuchte ich es nochmals. »Ich wandere auf dem Natursteig Sieg und habe oben auf dem Schloss nach einer Unterkunft gefragt, was leider nicht möglich ist und so dachte ich, dass ich bei Ihnen vielleicht einen leeren Wohnwagen für eine Nacht mieten kann. Einen Schlafsack habe ich dabei.«

Ich wartete einen kurzen Moment, bis ich sicher war, dass meine Informationen ihren Weg gemacht hatten.

»Hmmm«, brummte er, »mein Sohn ist nicht da. Er macht nämlich den Platz. Ich helfe nur ab und zu aus. Ich kann ihn aber anrufen.«

»Das wäre prima«, ermunterte ich ihn.

Er ging hinter die kurze Theke, griff zum Hörer und erläuterte seinem Sohn meine äußerst schwierige Situation.

»Ja - das geht, steht hinten, hol' ich nach vorne, wohin? Ah da, ja da ist es schön. Ist nicht so schwer, ja prima, bis später ...«

Er legte den Hörer auf.

»Sie können das Fässchen haben, muß es nur an den Strand ziehen.«

»Das Fässchen?«

»Ja - wir haben ein Gästefass, da könnten Sie drin übernachten.«

»Ich habe noch nie im Leben in einem Fass übernachtet«, gestand ich ihm.

»Geht prima«, nickte er und ich sagte Ja zum Fass. Welche andere Möglichkeit hätte ich auch in diesem Moment gehabt. Ich hätte mich noch unter die Eisenbahnbrücke legen können. Das schien mir aber nicht so reizvoll, als die Nacht in einem Fass zu verbringen. Solange nicht morgen auf der Mittagskarte der Rezeption stand:

»Heute frisch eingelegten Wanderer, als Beilage gepökelter Rucksack - nur solange der Vorrat reicht.«

Wir wurden uns einig. Das Fässchen sollte tatsächlich fünfzig Euro die Nacht kosten. Ich fand es schon ein wenig happig für mich als nächtliche Einlage. Er verschwand und kam kurzerhand mit einer Flasche und zwei kleinen Gläsern wieder.

»Das ist echtes *Siegwasser*«, sagte er stolz, »gibt es nur hier.«

Er stellte die beiden kleinen Gläser auf die Theke, füllte sie mit kristallklarer Flüssigkeit auf und prostete mir zu. Der Schnaps desinfizierte augenblicklich meine Speiseröhre. Scharf und heiß brennend rann er hinunter und hinterließ allerdings eine wohlige Wärme in der Körpermitte.

»So«, sagte er und sammelte die Gläser wieder ein, »ich bringe jetzt das Fässchen und hole Sie dann ab.« Schade, dachte ich kurz, eine weitere Aufwärmung wäre nicht verkehrt gewesen.

Nach zehn Minuten war er zurück und führte mich durch eine Gasse von Wohnwagen auf eine Wiese, die in einen kleinen Kiesstrand an der Sieg überging. Und da stand es: das Fass! Es war tatsächlich ein Fass, ein ausgewachsenes. Es war auf einem Trailer montiert, hatte vorne und hinten Fenster, eine Tür und eine kleine Holzterrasse, davor zwei Campingstühle.

Der Alte strahlte: »Das ist unser Fässchen!«

Nachdem ich die Tür öffnete, kam mir ein frischer Holzgeruch entgegen. Das Fass war sehr geräumig. Links und rechts gab es eine Liege und in der Mitte ein kleiner Tisch. Ganz am Ende war das Bett, das wegen der Rundung, quer in der Mitte angebracht worden war. So erreichte es eine Länge von mehr als zwei Meter. Eine weiche Matratze, frische Bettwäsche, zwei Handtücher. Was will man am Abend eines langen Wandertages mehr. Ich bedankte mich sichtlich erfreut.

»Ach ja«, sagte ich etwas zögerlich, »Frühstück? Habe ich morgen die klitzekleine Chance Frühstück zu bekommen?«

Er kratzte sich am grauen Stoppelbart, was ein unangenehmes Geräusch hervorrief.

»Frühstück ...«, wiederholte er, »ein Café gibt es bei uns leider zur Zeit nicht. Sind noch nicht richtig in der Saison und im Schloss machen sie morgen erst um 15 Uhr die Orangerie auf. Sieht schlecht aus.«

Aber vier Kilometer weiter die Straße entlang, gäbe es eine Bäckerei. Wer will schon vor der Wanderung Frühsport auf leeren Magen treiben?

»Gut«, dachte ich bei mir, »das ist eben der kleine Wermutstropfen am heutigen Wandertag.«

Der alte Mann winkte, stapfte davon.

»Bis morgen!«

»Bis morgen«, antwortete ich und war trotzdem glücklich. Wer hatte schon ein eigenes Schlaffässchen?

Ich rückte mir den Campingstuhl auf meiner Veranda zurecht. Entweder war ich zu breit, oder die Veranda zu schmal. Es war jedenfalls ein sehr wackeliges Unterfangen und ich bekam die ersten neugierigen Blicke eines Ehepaares, das mit ihrem hochkomfortablen Reisemobil neben mir stand. Jetzt kam ich mir natürlich vor, als hause ich in einer Ghetto-Hütte und die Reichen nebenan blickten nur mitleidig zu dem Menschen auf den Holzbrettern. Als sich unser Blicke trafen, schienen sie sich ertappt zu fühlen, nickten und lächelten. Ein Lächeln, das man einem Kind schenkt, wenn es zum ersten Mal mit den kleinen Holzklötzchen ein Häuschen baut. Ich schnappte mir demonstrativ meinen Campingstuhl und platzierte ihn auf den Rasen vor meiner Fässchen-Veranda. Das Wasser des Flusses plätscherte über die Steine, die der Fluß nicht hatte verschieben können. Möglicherweise tat er es aber dennoch, nur langsam, unendlich langsam und wenn ich in tausend Jahren noch einmal mit einem Wohnfässchen vorbeikommen würde, wäre der Steinbrocken vor mir vermutlich ein paar Meter weiter, und auch die Fische bräuchten keine Umwege mehr zu schwimmen. Der Ausblick war herrlich, bis sich von links eine Gruppe junger *Klopse* in mein Blickfeld schob. Vier sehr korpulente Frauen und ein dazu passender junger Mann. Ich möchte nicht despektierlich sein, aber sie waren tatsächlich sehr gut genährt. Sie bewegten sich schwerfällig und vorsichtig über den schmalen Kiesstrand der Sieg und riefen abwechselnd: »Angeeeeel!« und »Bellaaaaa!« Sollte es jedenfalls heißen, vermutete ich, denn sie schrieen »Äntschel!« und »Pella!« Und dann sah ich »dat Äntschel und Pella.« Zwei Hunde trabten eher unwillig zu der Klops-Gruppe. Auch als die Hunde längst bei Fuß waren, schrieen sie noch »Äntschel!«, »Pella!«. Ich fragte mich, was die Hunde jetzt machen sollten? Sie waren ja schon bei Fuß. Möglicherweise konnten die Besitzer aber die Hunde nicht sehen, wenn sie an sich herunterlugten. Das war jedenfalls meine Vermutung. Es dauerte, bis die Schreierei im Siegtal verhallte, die Gruppe wieder den Strand entlang marschierte. Jeder mit starrem Blick auf sein Handy. Ich wäre dafür, dass Hunde ihr eigenes Handy bekommen. Vielleicht in Bällchenform?

Es dämmerte und es wurde Zeit, mich für die Nacht vorzubereiten, also ging ich ins Fässchen und schloss die Welt hinter mir ab. Der Holzgeruch wurde intensiver, ich schnüffelte an der Bettwäsche, an den Kissen. Sie rochen nach Waschpulver und Holz. Durchaus eine olfaktorisch aparte Mischung. Eigentlich war der Schlafsack nicht notwendig, denn eine warme

Wolldecke lag auf dem Bett, dennoch benutzte ich ihn. Ich wollte einfach in der Hülle schlafen, die ich gewohnt war. Das kleine Fenster über meinem Bett ließ sich schräg stellen. Ein Hauch kühler Abendluft zog ins Fässchen. Während ich noch darüber nachdachte, warum wir nicht alle philosophierend in einem Fässchen leben, wurden die Augen schwer und ich glitt in einen friedlichen Traum über Senioren, die sich im Schloss, mit ihren Rollatoren an ihre Betten chauffierten und sich hineinfallen ließen.

Meine Nase war kalt, als ich erwachte. Durch das kleine Fenster versuchten sich, Sonnenstrahlen ihren Weg zu mir zu bahnen. Vergebens. Blieb nur eines: Aufstehen. Ich hatte tatsächlich hervorragend geschlafen und konnte allerdings nicht sagen, ob das Leben in einem Fass einen philosophisch weiterbrachte, wie beispielsweise Diogenes. Auf jeden Fall guckte er aus seinem Fass heraus, wie wir wissen und so tat ich es ihm gleich, ohne einen Alexander zu erwarten, der in der Sonne stand. Ich öffnete die Tür und plötzlich sah ich etwas Grünes auf meiner Veranda stehen. Unglaublich! Es stand dort eine grüne Thermoskanne und zwei Pappbecher (Warum zwei?) auf meiner Veranda. In den Bechern warteten Zuckertütchen und Milchdöschen darauf, benutzt zu werden. Großartig. Wäre der Mann von gestern Abend vorbeigekommen, ich hätte ihn vermutlich einmal kräftig gedrückt. Es war klar, dass er der Engel gewesen sein musste. So saß ich auf der Veranda, meinen Schlafsack über den Schultern und trank heißen, starken Kaffee aus einem Pappbecher. Die Sonne begann langsam zu wärmen. Vor mir in der Sieg sprangen Fische in die Höhe und schnappten nach ihrem fetten Frühstück, das leichtsinnigerweise zu dicht an der Oberfläche vorbeiflog.

Wieder dachte ich in diesem Moment darüber nach, dass es die ganz einfachen Dinge sind, die einen Menschen glücklich machen. Das was ich in dem Moment, an diesem noch kühlen Morgen vor meinem Fässchen fühlte, war nicht mit Geld zu kaufen. Und ist es nicht herrlich, dass man diese Dinge, diese Gefühle noch erleben kann? Vielleicht sind wir als Menschen viel mehr mit der Natur verbunden, als wir uns das in einem Auto oder dem Eigenheim vorstellen können. Der römische Philosoph Seneca hat das schon erdacht:

»Die Natur hat dafür gesorgt, dass es, um glücklich zu leben, keines großen Aufwandes bedarf, jeder kann sich selbst glücklich machen.«

Schade, dass ich nicht viel früher auf das Wandern gekommen bin. Ich hätte viel früher schon kleine Fluchten haben können.

Ohne Brötchen verlaufen und Steinelefanten gefunden

VON MERTEN NACH EITORF

Ich musste vom Campingplatz aus den Weg wieder zurück, über die Brücke und am Schloss Merten vorbei. Ich lugte noch einmal kurz in den Innenhof des Schlosses. Irgendwie hatte ich doch die Hoffnung, dass die Orangerie mal ausnahmsweise früher aufmachte. Fehlanzeige. Es ist natürlich um neu Uhr morgens nicht wirklich Käsekuchenzeit. Meinen Magen musste ich beruhigen. Der Kaffee am Fässchen war zwar prima, aber ... wo war mein kontinentales Frühstück komplett »mit ohne scharf« oder wenigstens ein Französisches mit einem leckeren, fluffigen Croissant?

Seit 2013 wird der Wanderpfad *Natursteig Sieg* als Prädikatswanderweg geführt. In dieser Etappe eignet er sich allerdings eher zum flotten Heilfasten in den Morgenstunden. Kein Brötchen weit und breit zu fangen. Gut - der Natursteig Sieg ist noch nicht fertig. Es fehlen die letzen Etappen zur Siegquelle in *Nephten*. Insgesamt soll der Steig dann rund 300 Kilometer lang sein. Als ich ihn ging, fehlten noch rund 60 Kilometer. Was mich nicht störte. Am Ende der Wanderung war ich ganz froh darüber, nicht noch einmal sechzig Kilometer gehen zu müssen, wollen, sollen.

Faul? Nein, ich bin nicht faul. Dagegen wehre ich mich entschieden. Nur auf dem Natursteig musste ich ja irgendwann wieder auftauchen. So wie es der amerikanische Schriftsteller Herman Melville (Sie wissen schon, der mit dem Seeroman von Moby-Dick und Kapitän Ahab) es einmal gesagt hatte, *dass wir Gedankentaucher sind, wenn wir uns völlig einer Sache hingeben und den Rest einfach vergessen.* Melville:

»Ich bewundere Taucher. Jeder kleine Fisch kann unter der Oberfläche schwimmen, aber nur ein riesiger Wal kann fünf Meilen oder mehr in die Tiefe hinabtauchen.«

So tauchte ich auf dem Natursteig in die Natur, über mir die Wipfel der Bäume und darüber der Himmel. Wie tief ich getaucht war, wusste ich nicht. Zumindest so tief, dass ich nur noch die Schönheit um mich herum sah, so wie ein Wal, der zum Meeresboden hinabtaucht. Manchmal ist es dunkel, aber meistens schillernd mit fliegenden goldenen Juwelen. An der Oberfläche war der pfeifende und langgezogene Schrei eines Milans zu hören. Wenn die Baumwipfel zur Oberfläche einen Spalt frei ließen, sah ich ihn mühelos gleiten. Es gab Stellen, an der Grenze zwischen Wald und Feld, bei denen ich einfach stehen blieb, wenn ich den Milan hörte. Ich sah dem Raubvogel zu, wenn er sanft seine

Kreise zog oder sich in einem langem Abwärtsflug hinabgleiten ließ, nur um kurz danach wieder eine Windböe oder die Thermik zu nutzen, um sich nach oben treiben zu lassen. Zeitlos. Da ich keine Uhr trug, konnte ich nicht sagen, wieviel Zeit ich dabei verstreichen ließ. Das spielte keine Rolle. Wenn man die Uhr abnimmt, kommt das Zeitgefühl zurück, das sich zwischen Sonnenaufgang und Sonnenuntergang gleitend bewegt, ohne durch den Sekundenzeiger gnadenlos zerhackt zu werden.

Ich ging weiter in Richtung Bahnhof. Die blaue Line des Natursteiges ging auf der Hälfte der Strecke zwischen Bahnhof und Schloss Merten hoch, aber da gab es noch einen ganz kleinen, klitzekleinen Zuweg an einem Miniflüsschen vorbei. Ich hatte Zeit und obwohl das ein paar Meter weiter war, wollte ich mir das gönnen. Aussicht auf Frühstück bestand in der nächsten Zeit sowieso nicht. So konnte ich meinen Hunger wegwandern. Die Asphaltstraße schlängelte sich an einer Mauer entlang und gab wiederum den Blick frei auf eine große Wiese mit Pferden, die grasten, was sie eigentlich die meiste Zeit tun. Ich habe mal gelesen, dass das gar nicht so sehr mit Hunger zutun hat, sondern dass die Pferde die ständige Kaubewegung brauchen, um sich wohlzufühlen. Ich versuchte es ebenfalls mit ein paar Kaubewegungen, aber ich hatte ja nichts zwischen den Zähnen und so stellte sich kein

Wohlgefühl ein. Nach ein paar Häusern, zeigte sich in einem kleinen Waldstück ein schmaler Pfad. Am ersten Baum vor dem Pfad das vertraute, diesmal gelbe Zeichen des Zuweges. Also nichts wie abgebogen. Ein kleiner Fluß plätscherte rechts von mir und ich wusste, dass es eine gute Entscheidung war, diesen Weg zu gehen. Die Wassermelodie begleitete mich über den Pfad. Als er endete, sah ich links von mir eine tiefe Schlucht. Sie war künstlich angelegt worden, denn am Grund der Schlucht lagen Schienen. Es war die Trasse der S-Bahn, die vorher nicht zu sehen war. Wie auch? Wenn man in der Horizontalen blickt, hat der Wanderer Bäume vor sich. Der Pfad endete auf einer Straße, gesäumt mit kleinen Häusern. An einer Kreuzung erreichte ich wieder den Natursteig. Die blaue Wanderwegmarkierung wies nach links. Beim Blick geradeaus staunte ich aber nicht schlecht. Vor einem Haus standen rund zwanzig Grabsteine, neu und unverpackt. Das ging ja noch. Aber was Bitteschön machte ein riesiger grauer Steinelefant in Lebensgröße vor dem Haus. Hier schien ein Steinmetz sich seinen Wunschtraum erfüllt zu haben. Denn als Grabstein war der Elefant wohl nicht wirklich zu gebrauchen. Ich bin mir natürlich nicht sicher, ob die deutsche Friedhofssatzung überhaupt Steinelefanten zuließ. Wenn ja, dann hieß es sicher:

»Paragraph 12, Satzung für Elefanten. Es ist auf deutschen Friedhöfen nicht gestattet, Elefanten zu bestatten, noch lebensgroße Steinelefanten aufzustellen. Die Schulterhöhe für Steinelefanten wird auf 20 cm begrenzt. Die Farbe darf von Schwarz bis Grau variieren. Andere bunte Farben bedürfen der Sondergenehmigung. Bei Zuwiderhandlung wird das Corpus Delicti vor die Friedhofstore zum Abtransport in eine Kiesgrube verbracht ...«

Ich ließ den Elefanten hinter mir. Bog in den Wald und natürlich ging es wieder steil bergan. Es folgten die Kammwege über die Höhenzüge des Nutscheid, jenes Handelsweges, den ich schon einmal bei Altenbödingen gequert hatte.

Ein pensionierter Vermessungsingenieur, Georg Haasbach aus Much, hatte sich die Mühe gemacht, die ganzen Wege im 12. Jahrhundert oder besser gesagt bis zum Ende des 12. Jahrhunderts zu zeichnen. Heraus kam ein, mit dem Lineal gezogenes Spinnennetz. In etwa so, als habe die Spinne einen Laserpointer gehabt, um den Ansatzpunkt für den nächsten Knoten zu bestimmen. Erstaunlich viele Spinnenfäden führten dabei zum Michaelsberg. Haasbach vermutete, dass die Kirchenstandorte schon in vorchristlicher Zeit als heidnische Kultstätten dienten. Die Kirche entschied offenbar »Schluss mit dem Mummenschanz und wir setzen mal `ne Kirche drauf. Dann hat das heidnische Treiben ein Ende«. Im Gegensatz zu mir, ritt und wanderte der Mensch im Mittelalter natürlich weniger aus Vergnügen. Und es gab nur diese Trampelpfade durch den Wald und vorbei an Feldern. Kompass oder eine hervorragende Wanderkarte war bei den meisten Fehlanzeige. Als die Kirchtürme auf einmal da waren, bildeten sie prima Orientierungspunkte in der Landschaft, auf die der Pilger, der Kaufmann oder der Handwerker zumarschierten. Erst im späten Mittelalter wurde es bequemer. Es gab richtige Handelswege als Höhenstraßen, auf denen sich fast komfortabel reisen ließ. Und es gab Abfahrten nach den kleinen Dörfern, die ja schließlich versorgt werden mussten. Das war schon mal prima. Fernreisen mit Karren waren angesagt oder eigenem Pferd.

Natürlich ging es nach einer kurzen flachen Wegstrecke wieder rechts in den Wald und bergauf. Wo war mein Pferd? Gut, der Natursteig heißt Natursteig, weil er ein *Steig* ist. Ein Steig hat eben was von *steigen*. Aber doch bitte nicht dauernd! Das Verhältnis von auf und ab schien mir schwer aus dem Gleichgewicht geraten zu sein. Der schmale Pfad führte durch den Wald bergauf. Irgendwann querte eine Asphaltstrasse. Und direkt gegenüber, an einem Baum gelehnt, stand eine alte Tafel, wie sie früher in den Schulen hingen.

Nicht ganz so groß. Eher so groß wie ein normales Fenster und das war es für mich auch. Denn ich las: »Dröppelminna - Frühstück, Mittag und Kaffee und Kuchen«, dann der Hinweis »200 Meter links«. Jetzt kam ich doch noch zu meinem Frühstück oder vielleicht zu einem etwas frühen Mittagessen. Oder beides. Und dann würde ich etwas Zeit verstreichen lassen und genehmigte mir noch ein Stückchen Käsekuchen und Kaffee dazu. So stand ich einen Augenblick starr vor dem Schild. Kennen Sie Zeichentrickfilme? Die von früher mit Lupo, Woodywoodpacker oder dem Ameisenbären »Blaue Elise«? Immer wenn sie etwas Erschreckendes sehen, werden ihre Augen kurzzeitig übergroß, manchmal zu Stielaugen.

So sah ich aus, als ich einen weiteren Schriftzug auf der Tafel las. Ganz unten, fast schon im Gras, in dem die Tafel stand: »*Dienstags geschlossen!*«

Sagte ich schon, dass ich an einem Dienstag von meinem Fässchen aus aufgebrochen war? Und da ich keinen Zeitsprung in den Mittwoch gemacht hatte, war Dienstag.

Ich ließ das Schild links liegen, ging ein Stück über die Straße nach rechts und bog wenig später wieder in den Wald ein. Ein paar Meter weiter stand ein junges Paar im farblich abgestimmten Wanderoutfit. Ich konnte die Wäscheetiketten nicht lesen, aber ich war mir sicher, dass es sich um Funktionswäsche handelte. Nur Funktionswäsche sieht so aus: Karohemden in Farben, die man privat in dieser Kombination zumindest für sehr gewagt halten würde. Ebenso die Hosen, die vor allem für das Wild in den Wäldern sehr auffällig war. Das heißt nicht, dass ich nicht Funktionswäsche tragen würde. Ich habe es zu Beginn meiner Wanderleidenschaft sehr gerne in Baumwolle versucht. Aber nach einer kurzen Zeit, gerade im warmen Sommer, hätte man die T-Shirts auswringen und mit der aufgefangenen Feuchtigkeit locker 10 Tage in einer Wüste überleben können. Jetzt trage ich gerne T-Shirts mit dunstigen Drainageeigenschaften, die die Feuchtigkeit nach außen transportieren und sich nicht im Stoff sammeln.

Das Pärchen steckte die Köpfe zusammen und bemerkte mich nicht. Sie sahen auf einen winzigen Bildschirm. Ich vermutete, es war ein Handy mit einer Navigation. Und dann beobachtete ich auch schon, wie er nach links zeigte, auf den Bildschirm blickte und sie nun wiederum nach rechts zeigte und anschließend wieder auf den Bildschirm schaute. Ich habe einmal, als ich im Königreich Bhutan unterwegs gewesen war, an einer Kreuzung in der Hauptstadt Thimphu, es war übrigens zu der Zeit der einzige Kreisverkehr, einen Polizisten gesehen, der die gleichen Bewegungen machte. Er nahm bei einer Drehung allerdings noch das Bein hoch und zeigte dann in die Richtung in der der Verkehr, der durchaus überschaubar war, fließen sollte. Es war ein Polizisten-Ballett. Genauso wirkte das bei dem Pärchen. Sie wechselten sich ab: Mal zeigte er mit ausgestrecktem Arm in eine Richtung, dann wieder sie. Eine sehr schöne Choreographie. Wenn auch ein wenig einseitig und mit wenig Abwechslung. Ich schlich langsam an ihnen vorbei. Sie bemerkten mich nicht. Die Navigation auf dem Handy schien jedenfalls nicht hilfreich zu sein, oder zumindest nicht eindeutig. Ich war mir dagegen sicher wo es langging. Überall zeigten sich an den Bäumen die Zeichen des Natursteiges. Manchmal allerdings eher spärlich. Oder gar nicht mehr vorhanden. Ich musste einen Abzweig verpasst haben. Ich drehte mich um, aber von dem Pärchen, von dem ich vermutete, dass sie auf dem Natursteig unterwegs waren, war nichts zu sehen. Der Weg führte nun den Berg hinunter. Schon alleine diese Tatsache machte mich stutzig, denn normalerweise ging es kaum runter. Diesen Gefallen wollte mir der Natursteig selten tun. Unten angekommen stand ich auf einer Straße. Wenn ich jetzt eine Navigation gehabt hätte, wüsste ich, ob ich rechts oder links gehen sollte. Geradeaus stand rund 100 Meter weiter ein Haus. Wo ein Haus ist, wohnt auch jemand, der sich in der Gegend auskennt.

»Hallo, guten Tag«, begrüßte ich.

Neben einem Holzstapel am Haus, stand ein älterer Herr, der mir den Rücken zuwendete. Er blickte nach oben. Er trug einer dieser Westen, die Männer ab 55 gerne tragen. Früher waren es kleine Täschchen für das Handgelenk, heute sind es Outdoorwesten, vornehmlich in Beige oder Lindgrün. Sie halten weder warm, noch sehen sie gut aus, aber »Mann« trägt sie. Schließlich drehte er sich um und sah mich durch seine Brille erwartungsvoll an.

»Entschuldigung, dass ich Sie störe«, obwohl ich eigentlich nicht wusste wobei. Er stand nur zwischen Haus und Holzstapel und hatte in die Luft gesehen, »ich glaube ich habe mich verlaufen«.

Er verzog die Mundwinkel nach oben: ein Lächeln. Aber kein Wort. Immerhin ein Lächeln, das möchte ich doch an dieser Stelle betonen. Ich hole die Karte aus der Seitentasche meiner Wanderhose.

»Ich bin nämlich auf den Natursteig Sieg unterwegs. Sind wohl nicht viele, was?«, fragte ich verschwörerisch.

»Nö«, sagte der Mann, »jedenfalls nicht hier.«

»Aha und woran liegt das? Das Wetter ist doch herrlich heute.«

»Jau – das schon. Aber das ist hier nicht der Natursteig Sieg.«

»Das habe ich mir doch gleich gedacht, weil hier so gar keiner mehr war.«

»Jau – zeigen Sie mir doch mal Ihre Karte.«

Ich gab sie ihm, denn ich war mir sicher, dass er sich in der Wildnis auskannte.

»Das ist mein Haus«, sagte er und zeigte hinter sich, ohne den Blick von der Karte zu nehmen, »und das ist die Werkstatt.«

Er tippte mit seinem Zeigefinger auf die Karte - auf ein kleines Rechteck. Aha, das musste sein Haus sein.

»Das ist mein Haus«, sagte er, »und hier ist der Natursteig Sieg.«

Dabei rutschte er mit dem Zeigefinger eine ganz schöne Strecke noch oben, oberhalb der Stelle, an der ich mich befand. Ich bedauerte mich kurzfristig. Mein Blick folgte dem steilen Weg, den ich eben fröhlich heruntergekommen war. Er war wirklich steil und ich bereitete mich schon einmal mental auf den Aufstieg vor. Wo war Luis Trenker? Der Bergfex hätte mich locker den Berg hinaufschieben können. Der freundliche »Wegweiser« in seiner Weste erriet meine Gedanken:

»Da müssen Sie nicht mehr rauf. Sie gehen jetzt einfach ein wenig der Straße lang und kommen dann auf den Parkplatz *Bourauel*. Da gehen sie drauf. Am Ende wandern sie nach links, das sehen Sie schon. Da ist eine rote Schranke und gleich dahinter fängt der *Wildwiesenweg* an. Toller Weg, sehr schön. Sie hätten etwas verpasst, wenn Sie sich nicht verlaufen hätten.«

»Da bin ich aber froh«, bedankte ich mich, packte die Karte ein und winkte.

Er drehte sich wieder zu seinem Holzstapel um und sah in den Himmel. Ich hätte ihn fragen sollen, was er denn da beobachtete. Jetzt war es zu spät.

Es erstreckte sich wirklich ein sehr schöner Weg vor mir. Ein bequemer Feldweg, an dem links ein kleiner Bach beim Überspülen kleinerer Steine vor sich hinmurmelte. Die Karte sagte mir, dass es sich dabei um das *Mengbachtal* handelte. Es war kitschig schön. Die Vögel zwitscherten, die Zitronenfalter zappelten scheinbar orientierungslos über den Feldweg. Verträumt wanderte ich durch das verwunschene Tal, bis zwei pechschwarze Mittelklasse-Limousinen den Weg versperrten. CIA? FBI? GSG9? Weiß man es? Zwei dunkelgekleidete Männer stiegen aus den Fahrzeugen. Sie sahen nicht besonders sportlich aus, was mich in diesem Augenblick etwas beruhigte. Ich war noch gut hundert Meter entfernt, konnte aber sehr gut erkennen, wie sie zum Kofferraum eines Fahrzeuges gingen und anschließend jeweils eine dicke runde Platte herausholten. Die Platte war so groß, dass beim Tragen unten nur die Beine ab der Kniescheibe, oben der Kopf des Mannes herauslugte. An den Seiten waren die Hände zu sehen. Sie stapften über die Wiese in Richtung Bach. Zum Surfen waren die Platten ein wenig zu unförmig. Ich erreichte die beiden Fahrzeuge und konnte mich unbemerkt zwischen den Wagen durchquetschen, die für Wanderer den kompletten Weg versperrten. Die beiden Männer überquerten den Bach, offenbar wussten sie wo die Steine lagen, und drehten die beiden Platten nach vorne, lehnten sie an einen Baum. Es waren Zielscheiben. Der schwarze Mittelpunkt und die Ringe drumherum waren ganz deutlich zu erkennen. Ich hatte so etwas schon im Königreich Bhutan im Himalaya gesehen. Dort ist bei den Einheimischen das Bogenschießen Nationalsport.

»Papataooooo …«, rief der bhutanesische Bogenschütze und hundert Meter weiter stand ebenfalls ein Bogenschütze neben der Zielscheibe. Er riss den Arm in die Luft. Die Zielscheibe war getroffen und die Freude der Bhutanesen war groß. In ihren gestreiften Röcken, die kurz über der Kniescheibe endeten, hüpften sie vor Freude. Der eine sicherlich, dass er die Scheibe getroffen hatte und der andere, dass er nicht getroffen worden war. Dieser traditionelle Schießplatz war ganz in der Nähe von Thimphu, der Hauptstadt Bhutans. Eine Sportübertragung dieses Ereignisses gab es nicht. Zu der Zeit, als ich durch das Königreich wanderte, hatten die Japaner den Bhutanesen erst das Fernsehen gebracht. Es gab nur ein Studio (mehr ein umfunktioniertes Wohnzimmer) in der Hauptstadt, mit einer Nachrichtensprecherin, einer Reporterin und einem Kameramann. Das Programm bestand aus einer täglichen Ansprache des Königs, einem kleinen Bericht aus der Hauptstadt und der täglichen Hygienesendung. Hier insbesondere die Anwendung von Kondomen und im gleichen Zusammenhang, dass es völlig normal sei, dass es einer schwangeren Frau schon einmal schlecht wird und sie sich eventuell übergeben muß. »Papataoooo …« Die Einschaltquoten hielten sich in Grenzen, da es kaum Empfangsgeräte gab. Ein eigenes Programm auf die Beine zu stellen, für etwa drei Stunden am Tag war eine schöne Idee, aber wer konnte das exquisite Programm sehen? So gab es kaum jubelnden Zuschauer bei Bogenschießwettbewerben, weder vor noch hinter der Kamera. Hier musste sich der geneigte Bhutanese schon selbst zum Schießplatz bemühen und einfach nur mitmachen.

Die beiden Herren, die ich am Wildwiesenweg beobachtete, hatten nichts mit einer Sportübertragung im Sinn. Sie bauten einen Bogenschützen-Parcours auf. Es ist das Wandern mit Pfeil und Bogen, statt einem grünen Rücksack. Man pilgert von Station zu Station, stellt sich auf und schießt auf die Scheiben.

Dieser Weg, den ich aus Versehen ging, weil ich mich verlaufen hatte, blieb tatsächlich weiterhin sehr schön und ich freute mich über das Vogelgezwitscher, die Schmetterlinge und das Murmeln des Mengbaches.

Ein paradiesischer Zustand. Was war noch mal Stress? Ein kleiner schmaler Weg führte auf die *Gecksbitze* und wenig später landete der wieder auf einem breiten Weg. Nach wenigen hundert Metern gab der Wald den Blick auf eine Hangwiese frei. Sollte es regnen, könnte der Wanderer sich an dieser Stelle in der *Storcker Hütte* unterstellen. Eine offene Schutz- und Partyhütte mit einem Grillplatz davor. Wildschwein-Nasen hatten Teile der Wiese umgepflügt. Von den Tieren selbst war nichts zu sehen. Glücklicherweise. Ich möchte keinem Wildschwein Aug' in Aug' gegenüberstehen. Vor allem dann nicht, wenn es sich vielleicht noch um eine Bache handelt, die jede Menge Frischlinge um sich herum spielen lässt. Ich habe gehört, dass diese mütterlichen Wildschweine keine Bespaßungen durch Menschen vertragen. Als ich die aufgewühlte Grasnarbe bemerkte, beäugte ich argwöhnisch das Gebüsch rund um die Hütte und lauschte auf Grunz- und Schmatzgeräusche.

Ich sah mich nach einem Baum um. Ich hatte gehört, dass Wildschweine nicht besonders flott um die Ecke können, also würde ich nach Hasenart, im Ernstfalle ein paar Haken schlagen und gewitzt wie ich bin, den letzten Haken vor einem Baum schlagen. Völlig logisch: Die Wildsau sieht zwar den Baum, aber kann keinen Haken mehr schlagen. Zu kurz ist die Distanz. Ergebnis: Knockout am Baum und ich habe die Gelegenheit zu flüchten, bis sie wieder zu sich kommt. Soweit die Theorie.

Da kein Grunzen oder Rascheln zu hören war, legte ich mich auf eine ergonomisch wohlgeformte Holzliege neben der *Storcker Hütte*. Großartig. Wer diese Liege erdacht hat, sollte den goldenen Wandererpokal bekommen. Die einzelnen Holzstreben passten sich hervorragend der Biegung einer bis dahin belasteten Wirbelsäule an. Die Füße lagern hoch, aber nicht zu hoch, etwa auf der Höhe einer Getränkekiste, der Kopf dagegen auf etwa ein Meter Fünfzig Höhe. Das war meine Schätzung, die ich mit geschlossenen Augen vornahm und so langsam dahindöste. Im Hintergrund ein indonesisches Gamelan-Orchester. Ein Gamelan-Orchester? So weit hatte ich mich in dem Augenblick natürlich nicht weggeträumt. Ich blinzelte in Richtung Orchestersound. Neben der Hütte, in den Bäumen, war ein Glockenspiel aus langen Metallröhren. In der Mitte ein Seil mit einer Kugel und unten, am Ende des Seils, war eine flache Holzscheibe angebracht, die von kleinen Windstößen bewegt wurde: »Kling – kling – Schepper«. Eine der Metallröhren war nicht besonders gut gestimmt, oder ein Eichhörnchen hatte darin eine Nuss deponiert. Jedenfalls schepperte sie und war weit von einem Wohlklang entfernt. Es kam ein wenig Wind auf und damit ein wenig mehr Musik. Schließlich brach ich auf, weil ich die Kunst am Baum nicht mehr länger ertragen konnte. Die Betreiber der *Storcker Hütte* hätten wenigstens die Nuss aus der einen Röhre entfernen können. Mich aus der anschmiegsamen Holzliege herauszuschälen, war nicht einfach. Ich wendete eine Technik an, die mir morgens im Bett immer besonders hilfreich war. Ich hievte ein Bein nach außen auf den Boden, dann das andere. Jetzt war die Lage unbequem und mein Körper verlangte nach Erleichterung der Position. Ich drehte mich zur Seite und richtete mich auf. Schon saß ich und stemmte mich hoch. Ging doch! Jetzt noch den grünen Rucksack auf den Rücken, der Weg wartete schon und es konnte nicht mehr so schrecklich weit sein, bis zur üblichen Nachmittagsbelohnung. Mir schwebte da ein paniertes Schnitzel mit Champion-Soße und Pommes Frittes vor. Ohne viel Raffinesse, aber schlicht und lecker. Bis dahin musste ich allerdings noch den einen Fuß vor den anderen setzen.

Weiter wanderte ich auf den kleinen Ort *Schmelze* zu, ein kurzes Stück über eine Asphaltstraße, wo es kaum eine Möglichkeit gab, gefahrlos zu marschieren. Die Autos rasten mit Karacho um die Kurve, an der Stelle, wo ich wieder auf den Waldweg musste. Möglicherweise rettete mich mein quietschgrüner Rucksack, der auffällig über dem Asphalt leuchtete. Als ich schließlich auf dem Waldweg stand, war ich kurz davor mich zu bekreuzigen.

Der kleine *Hombach* plätscherte ahnungslos vor sich hin, als wären ihm die Gefahren der Wanderer egal. Ich atmete durch. Das hätte ich nicht tun sollen, den mit dem Atem gab's Fleischeinlage. Ich hatte ein kleines, ein mikroskopisch kleines Insekt eingeatmet. Ich vermute, dass es dem Insekt dabei nicht allzu gut erging, obwohl es schaffte, meine Schleimhäute zu reizen. Möglicherweise wollte es aber einfach nur, aus reiner Überlebensstrategie verhindern, tiefer in meinen Schlund zu rutschen. Es gelang ihm nicht. Ich hustete so stark, dass meine Augäpfel anschwollen. Das Wasser aus meiner Flasche brachte mir im ersten Augenblick kaum Linderung und damit war das Schicksal des Insekts besiegelt. »Ich bin unschuldig«, sagte ich röchelnd und bildetet mir ein, dass es möglicherweise mit meiner unfreiwilligen Hilfe den Freitod gewählt hatte. Es kratzte immer noch im Hals. Das blieb noch eine Weile so, als ich meinen Weg fortsetzte.

Natürlich tapste ich weiter den Berg hoch. Kein flacher seichter Wanderweg für Spaziergänger mit Kinderwagen. Mit harten Wanderern, wie wir, geht es immer bergauf. Manchmal wäre es natürlich schön, wenn es mal eine längere Wegstrecke recht, sagen wir, flach wäre und ich vielleicht für meinen Rucksack ein paar Rollen hätte, um ihn hinter mir herrumpeln zu können. Ich erreichte *Bohlscheid* und spazierte schnurstracks durch eine Baumschule und über viel freies Feld. Das fand ich in dem Augenblick nicht schlecht. Mein Atem beruhigte sich. Vier junge Frauen tauchten quasi aus dem Nichts auf und überholten mich. Sie waren so sehr mit sich beschäftigt, dass sie mich überhaupt nicht wahrnahmen. Glücklicherweise war der Weg an dieser Stelle breit genug, so dass ich nicht beiseite springen musste. Die meisten Wanderer begrüßen sich, wenn sie sich begegnen. Die vier Grazien nicht. Ich vermutete, dass sie das so gewohnt waren. Normalerweise erkennt man *Pubertiere* an dem Handy in der rechten Hand, das ihnen den Weg weist und dem sie ständig folgen. Auch mit dem Nachbarn, der gleich neben einem läuft, wird dann gerne über das Handy kommuniziert. Ebenso gehören die Henkel der Tasche in die rechte Armbeuge. Diese Spezies allerdings trugen kleine Beutel auf dem Rücken. Ich vermutete, dass dies das aktuelle Wanderoutfit war. Möglicherweise schreitet die Evolution weiter voran und ich gehörte zu den letzten noch umherirrenden Dinowanderern, aber schon ein wenig weiter als Luis Trenker, der gerne »auf'm Berg kraxelt.«

Der Hinweis auf den gelben Zugweg von und in Richtung Eitorf verlangte eine Entscheidung. Ich stand vor dem Hinweispfahl und eine Entscheidung war es eigentlich nicht wirklich. Mein Magen räumte bereits eine Ecke frei. Ich konnte es genau hören. Das Geräusch hatte entfernt Ähnlichkeit mit dem Brummen eines Bären. Vielleicht eher eines kleinen Stoffbären, falls die heimlich, vor den Menschen verborgen, brummen. Serpentinen führten mich hinab in Richtung Schnitzel. Als ich schließlich aus dem Wald heraus trat, sah ich Eitorf vor mir, nur getrennt durch eine Brücke über die Sieg, die ich selbstverständlich mit Bravur nahm. In der Mitte der Brücke hielt ich kurz an, wie immer. Das ist schon fast zu einer Marotte geworden. Der Blick auf das Siegtal wirkte an dieser Stelle ein klein wenig majestätisch. In der Mitte der Brücke klärte mich eine Infotafel und seltsame Metallstäbchen darüber auf, woher das Wort »*Sieg*« für den Fluß kommt. Das keltische Wort »*Sikkere*« hat sich im Laufe der Jahrhunderte verformt zu »*Sieg*«. In der Übersetzung bedeutet es »Schneller Fluß«. Ehrlich, da wäre ich nie drauf gekommen und ich stellte mir zwei Kelten vor, die am Ufer standen, um sie herum nur Urwald, von Eitorf und einem eventuellen Restaurant für Schnitzel keine Spur. Arto, ein kräftiger Kelte mit einem Bart und Muskeln wie Arnold Schwarzenegger:

»Oh, Bran (das war der andere, eher filigrane Kelte) wie mögen wir denn übers die Wasser gelangen?«

Arto wußte, dass er einen Bären stemmen konnte, aber Bran war der eindeutig Pfiffigere. »Nun, Arto, der Fluss ist wohl ein Sikkere!«

Und schon schoss ein Baumstamm auf der Sieg an ihnen vorbei und Bran kratzte sich das Kinn.

»Reiße du drei Baumstämme aus und halte sie zusammen. Wir legen uns dann drauf, du musst ja sowieso festhalten. Der Fluss ist zwar *sikkere*, aber irgendwo werden wir schon das andere Ufer erreichen.«

»Und alsdann Bran, werden wir uns ein Hirschschnitzel holen!«

»Gewiss, mein Arto, so lasse uns zur Tat schreiten, auf dass das Schnitzel nicht von einem anderen genaschet werde.«

Als ich auf der Brücke stand, sah ich die beiden Kelten genau. Ich konnte ihnen nicht weiter zusehen, weil mein Magen dagegen protestierte. Ich eilte weiter in Richtung Eitorf, an einem Fußballplatz und einer Bahnstation vorbei. Nachdem ich noch eine große Kreuzung überquerte, bemerkte ich einen kleinen Platz und machte »Böck dich« aus, ein gutbürgerliches Restaurant, das den Namen, wie ich später las, dadurch erhielt, dass der Balken an der Eingangstür wohl etwas zu niedrig geraten war. Eine Erklärung für den niedrigen Balken gab es nicht. Das war einfach so. Es standen vier Tische mit Blick auf den Platz vor dem

Lokal. Ich wollte mir nicht den Kopf stoßen. Die Kellnerin kam und ich bestellte, ohne in die Karte zu gucken, ein Jägerschnitzel. Sie war nicht überrascht und stellte mir einige Minuten später meine Belohnung für den langen Wandertag auf den Tisch. In einem isländischen Film hörte ich einmal einen bärtigen keltischen Zausel sagen:

»An die unglücklichen Tage erinnern wir uns immer, an die glücklichen nicht.«

Das mag vielleicht für Island gelten, will man dem Film Glauben schenken, für Eitorf nicht. Ein sonniger Abend, ein Schnitzel und einen Blick auf den Ortsplatz - unterm Strich ein glücklicher Wanderer an diesem Tag.

Thingplatz, Toast Hawaii und zerschossene Fassaden

VON EITORF NACH HERCHEN

Wenn mir andere Menschen mit Rucksack begegnen, denke ich manchmal darüber nach, was das wohl für Menschen sind? Was ja eigentlich merkwürdig ist, weil ich selbst Wanderer bin. Aber denen, die mir entgegenkommen geht es sicherlich nicht anders. Besonders, wenn einem stundenlang nichts als die eigenen Gedanken, das Vogelzwitschern und das Rauschen der Bäume begleitet hat. Plötzlich taucht hinter der nächsten malerischen Biegung ein Mensch auf.

»Wird er grüßen oder nicht?«, frage ich mich zuerst.

Normalerweise begrüßen sich Wanderer bei der Begegnung mit einem wissenden Lächeln und einem »Guten Tag«. Und beide sehen sich für Sekunden in die Augen bevor sie wieder in die Gedankenwelt und der Natur versinken. Schon daran sind häufig Wanderer erkennbar. Gerade aber in jüngster Zeit begegnen mir im Wald immer wieder Menschen, die grummelnd stapfen. Sie tragen einen Daypack-Rucksack und zwei Stöcke - Nordic Walking mit Daypack. Vermutlich kann man dazu Kurse belegen. Gut, das ist jetzt nicht fair, denn schließlich gehen sie auch durch den Wald, genau wie ich, nur habe ich das Gefühl, dass sie das nicht genießen. Ich frage mich immer warum? Möglicherweise, weil wir oft alles als Leistung ansehen und es immer noch eine Steigerung geben muß.

Ich traf einen strammen Wanderer in blauer Cargohose, Stock, Mütze und Regenjacke.

»Hallo, auch auf dem Steig?«, fragte er mich und ich versuchte zu antworten.

»Ja, ich …«

»Doll, ich bin den drei Mal gelaufen.«

»Dreimal?«

»Ja und ich marschiere den noch mal, aber diesmal andersherum«, dabei zeigte er mit dem Stock in die Richtung aus der ich gekommen war.

»Andersherum?«

»Ja, von der Siegmündung bis nach Siegburg.«

»Das Ende ist aber noch nicht …«, wollte ich sagen, da zu dem Zeitpunkt die letzten Kilometer zur Siegmündung noch gar nicht als Wanderweg angelegt waren. Das schien aber nicht so wichtig zu sein. Er hob den Stock noch einmal und lächelte:

»Also dann …«

Er marschierte los und ich war versucht »Petri heil« zu antworten.

Es ging ihm sicherlich nicht darum, den wunderschönen Natursteig mehr als einmal zu laufen, weil er so schön war. Es ging ihm in erster Linie darum, andere Mitwanderer zu frustrieren, die keuchend entgegenkamen.

»Ha, ha, ich laufe den Weg jetzt schon zum zwölften Mal und beim nächsten Mal buckele ich vielleicht noch eine Kuh bis zum Ziel.«

Jetzt aber wieder auf den Weg zurück, die Serpentinen hoch und diesmal keine jungen Wanderinnen, die mich überholen. Es war noch früh. Die Feuchtigkeit transportierte in mikroskopisch kleinen Tröpfchen die Gerüche nach oben. Die kleinen Aerosole erreichten irgendwann meine Nase und ich rieche den Wald, mit seinem ganz eigenen Duft, der oft in den frühen Morgenstanden ein weinig moderig daherkommt. Ich nahm die Biegungen des Weges an diesem Morgen sehr leicht. Der Rucksack schien mittlerweile an Gewicht verloren zu haben. Ich gewöhnte mich an die Last. Es war mir morgens nach dem Aufstehen ein Ritual geworden, den Rucksack auf den Rücken zu hieven, nachdem ich ihn gepackt hatte. Die schweren Teile, wie das kleine Zelt immer in der Mitte, an den Rücken gelehnt, dann die leichteren Teile nach außen hin. Das hatte sich bewährt. In das untere Fach, das gut von außen zugänglich war, packte ich den Schlafsack und ein paar Schlappen. Es waren *Brasilien*, mit bunten Streifen in warmen Farben. Sie waren vor

Jahren ein Sonderangebot, weil keiner solche gestreiften Sohlen haben wollte, aber gerade das gefiel mir. Der Steg zwischen den Zehen störte mich nicht. Solche Schlappen mit einem Mittelsteg hatte ich schon in Japan kennengelernt. Bei den japanischen *Zoris* (so heißen die Schlappen in Japan) war die Oberfläche aus Stroh und praktischerweise die untere Sohle aus Gummi. Das war schon die modernere Variante. Traditionell sind diese Schlappen aus Holz. Die Flexibilität lässt da natürlich zu wünschen übrig. Meine *Brasilien* waren dagegen biegsam und schmiegten sich an den Rücksack. Abends, wenn die Füße nach der Wanderung qualmten, gab es nichts Schöneres, als nach der Dusche in die *Brasilien* zu gleiten und sich anschließend zu einem Abendessen zu begeben. Ohne Dusche hätte ich das niemals machen wollen, es sei denn, ich bestellte mir einen Harzer Roller, einen »Käse mit Musik«. Die Duftquelle wäre dann nicht so leicht auszumachen gewesen.

So stieg ich fröhlich weiter hoch bis nach *Bohlscheid*. Hier endete der gelb markierte Zuweg und der Natursteig begann. Was mir bevorstand, war eine der längsten Etappe auf dem Weg. Rechnet man die Zugwege hinzu, schließlich musste das gerechnet werden (da sich der geneigte Wanderer ja nicht wie Captain Kirk beamt), hat diese Etappe eine Länge von

21,5 Kilometer. Der Pfad zog sich durch viel Mischwald und die ersten Zitronenfalter flatterten vor mir her, als seien sie an unsichtbaren Angelschnüren und Angel aufgehängt und jemand würde sie zappelnd, manchmal ruckartig auf und ab ziehen. Ich fragte mich unwillkürlich, warum diese gelben Flatterpunkte so herumzappeln? Können die nicht wie andere Insekten summend an mir vorbeiziehen? Zitronenfalten fühlen sich besonders im Ilex, in den Stechpalmen, wohl. Leuchtend grün standen diese Pflanzen zwischen den lichten Bäumen des Mischwaldes. Dieser Ilexabschnitt ist einer der wenigen Gebiete in Deutschland, in denen sich die Stachelblätter wohl fühlen und sie auf natürliche Weise vorkommen, auch wenn kein Weihnachten ist. Die Schmetterlinge flatterten oft zu zweit an mir vorbei, überholten mich, verschwanden wieder und tauchten unerwartet an der anderen Seite auf. Sie begleiteten mich eine ganze Weile und ich fühlte mich in einen verwunschenen Zauberwald versetzt. Kleine rote Zipfelmützen konnte ich keine ausmachen. Dabei war ich mir sicher, dass mich die Zwerge beobachten würden. Aber es ist ja bekannt, dass sich Zwerge äußerst gut tarnen können und man sie tatsächlich nur sieht, wenn sie auch gesehen werden wollen. Der Zwerg an sich ist da eigen.

Entlang des Weges, sah ich erneut Stellen, an denen der Rand zur Seite geschoben worden war, als handele es sich um einen Teppich »Marke Waldwegrand«. In Falten legte sich die Grasnabe, nach oben geschoben. Ein unordentlicher Teppichboden. Ich sah mir die verschobene Oberfläche genauer an. Wildschwein-Nasen hatten den Teppich verschoben. Sie suchten vermutlich nach feinen schmackhaften Wurzeln. Hier und da eine kleine Delikatesse unter der Grasnarbe zu finden, darin sind die Schweine Meister. Wer vermutet schon, dass das heimische Borstenvieh unter die Gourmets gegangen ist? Mir machte in dem Augenblick ganz plötzlich wieder etwas anderes Sorge. Ich mochte keinesfalls Aug' in Aug' mit einer Wildsau stehen. Ich könnte nur verlieren. Ich wußte, dass so ein Schwein durchaus mit einer Geschwindigkeit von 55 km/h laufen kann. Ich kann das nicht. Da war ich mir sicher. Also schnell überlegt, welche Alternativen ich hatte. Hatte ich ja schon mal erklärt: die Sache mit dem Haken schlagen. Taktik: Wildschwein rennt los, ich stehe vor dem nächsten Baum und springe zur Seite kurz bevor das Wildschwein mich erreicht hat und dann »Rumms«. Ich war mir nicht ganz sicher, ob das klappen würde. So blieb mir nur die Hoffnung, dass das Schwein mehr Angst vor mir hat, als ich vor ihm. Vermutlich ist das so. So pfiff ich denn nun ein fröhliches Lied vor mich hin, um dem Wildschwein zu signalisieren, dass ich so gar keine Bedrohung für das heimische Borstenvieh darstelle. Die Schweine haben das offenbar goutiert.

Dennoch hielt ich Ausschau nach geeigneten Bäumen. Einer dieser Bäume trug ein kleines Schild mit der Aufschrift »8«. Die Acht war nicht etwa hineingeschnitzt, wie es junge, sehr junge Verliebte manchmal machen, um dann nach sechszig Jahren zu sehen, dass ihre Namen oder das Herz mit dem Pfeil irgendwo in der dritten Etage des Baumes gelandet war. Diesmal war es ein richtiges kleines ovales Schild. Davor lagen verblichene Rosen und am Baumstamm, ganz unten, kurz vor dem Erdboden noch ein Schild: »Simon, Eileen, Ernst«.

»Merkwürdig... «, dachte ich. Die Blumen, die Schilder. Was hatte das zu bedeuten? Ich blieb stehen und betrachtete mir die anderen Bäume ringsherum und dann sah ich sie. Überall glitzerten kleine Schildchen, halb so groß wie eine Handfläche. Immer knapp über dem Waldboden. Manchmal lagen Blumen vor den Bäumen. Einige Sträuße mussten erst vor kurzem abgelegt worden sein. Sie war noch frisch, andere verblichen wie die Rosen an dem ersten Baum, den ich wahrnahm.

Zwei Spaziergänger, offenbar Motorradfahrer in grauen Lederoveralls, kamen mir entgegen. Die Schritte machten ihnen in der schweren Montur Mühe. Mehr noch als mir an heißen Tagen mit meinem

Rucksack. Die Motorradfahrerin trug einen Strauß Rosen in der Hand. Sie nickten lediglich als sie an mir vorbeigingen. Ich drehte mich um und sah wie sie vom Weg herunter in den Wald gingen. In ihren grauen Ledermonturen unterschieden sich sich nach ein paar Metern kaum vom Wald, der im Halbschatten lag. Die Frau legte die Rosen vor einem Baum ab. Beide standen anschließend andächtig an dieser Stelle und falteten die Hände. Ich verließ diesen Ort. Nach ein paar Schritten tauchte ein Hinweisschild mit einem schwarzen Pfeil auf, der in meine Richtung zeigte: »*Begräbniswald Eitorf*«. Ein Motorrad stand unweit des Schildes an der Einmündung zu dem Waldweg. Darauf zwei Motorradhelme.

In der Broschüre heißt es: »In wunderschöner Umgebung, im Landschaftsschutzgebiet liegt unser Buchen- und Eichenwald im Rhein-Sieg-Kreis …«

Nun, der Verstorbene wird davon nicht besonders viel haben. Auf einem Bild der Broschüre ist zu sehen, wie ein Kind die Asche (der Oma?) auf den Waldboden schüttet. Sicher ein Erlebnis, dass das Kind nie mehr vergisst! Die Preise für die Ausschüttung sind unterschiedlich. So einfach zwischen den Bäumen den staubigen Inhalt der Urne verschütten, ist am wohl preiswertesten. Soll allerdings die Asche an einem Gemeinschaftsbaum ausgekippt werden, wird es deutlich teurer und der wahre Luxus ist dann der eigene

Familienbaum. Aber auch hier sind in dem Preis nur zwei dezente Aschehäufchen inklusive. Jeder tote Familienangehörige mehr kostet.

Wer an einem Begräbniswald entlang wandert, denkt unwillkürlich an den Tod. Daran, dass jeder von uns nicht auf ewig auf der Erde bleibt. Jedenfalls nicht in der augenblicklich sichtbaren Form oder eben auch gar nicht mehr. Das weiß keiner. Ich wanderte ein paar Meter weiter und setzte mich auf einen Baumstamm, der neben dem Weg lag. Die Wälder, durch die der Wanderweg führt, werden oft wirtschaftlich genutzt. Wenn auch selten als Begräbniswald. Wer genau hinsieht, erblickt immer wieder aufgesprayte Punkte in Rot oder Grün. Das sind Bäume, die zum Einschlag freigegeben werden. Die Waldbauern denken in Generationen, denn für jeden Einschlag müssen sie wieder neu pflanzen. Sie selbst haben davon nichts, sondern die kommenden Generation in dreißig oder vierzig Jahren. Und das, was ich heute einschlage, wurde Generationen vorher gepflanzt. Eine andere Art des Generationenvertrages. Wenn wir alle auf der Welt so denken würden, so überlegte ich in dem Augenblick, als ich neben meinem Rucksack auf dem Baumstamm saß, dann wäre die Welt wohl ein wenig gerechter. Wir würden nicht an den momentanen Profit denken, sondern der nächsten Generation das zurückgeben, was die Generation vor uns gab. Darauf goss ich noch einen kleinen Schluck Tee aus meiner Thermoskanne in den Becher und atmete durch.

Vor mir kämpfte sich eine Ameise durch das schon halb zerfallene Laub auf dem Boden. Sie stolperte zwischen den vielen Verästelungen. In den Blättern sind nur noch die feinsten Adern stehen geblieben, die Räume dazwischen waren verrottet. Auch der Rest wird bald folgen, alles wird ganz kleinteilig, mikroskopisch kleinteilig. Der Waldboden lebt. Mikrobenkleine Lebewesen verrichten ihre Arbeit. Sie verdauen, was ihnen auf den Kopf fällt und lassen die zerfaserten Zellen unter sich. Sie selbst sind dann wieder Nahrung für kleine Eichensprösslinge oder Buchen, die selbst noch so klein sind, dass sie auf dem Waldboden nur als Eicheln oder flachen Samen erkennbar sind. Aus diesem winzig kleinen Samen entstehen riesige starke Bäume, die im Falle der Eichen bis zu 1.000 Jahre alt werden. Eine solche Eiche hätte in Skandinavien *Leif Eriksen* sehen können, wie er sich aufmacht, Amerika zu entdecken. In Mitteleuropa regiert *Kaiser Otto der III.*, die *Yoruba* gründen auf dem Gebiet des heutigen afrikanischen Nigeria, das es damals natürlich noch nicht gab, die Siedlung *Offa*, der Paderborner Dom wird bei einem Großbrand zerstört, die größte Stadt im Kaiserreich China, *Kaifeng*, hat bereits mehr als eine halbe Million Menschen und *Köln* wurde zum geistlichen Zentrum. Die Gebeine der heiligen Drei Könige zogen etwas später an unserer Eiche vorbei.

Was sind wir, gemessen an einem solchen Baum?

Und die Mini-Eiche, die gerade zu meinen Füßen die Höhe eines kleinen Fingers erreicht hat, wird vielleicht einmal alleine auf der Welt stehen, wenn Sie die tausend Jahre erreicht hat und die Menschen möglicherweise nicht mehr sind. Ich werde das nicht erleben, die kleine Eiche zu meinen Füßen aber schon.

Ich wollte nicht pessimistisch sein, musste aber so oder so über den Tod nachdenken und es schien mir, als bräuchten wir als Menschen den Tod, um uns weiterzuentwickeln. Wir laufen nicht mehr herum wie im frühen Mittelalter. Alles hat sich weiterentwickelt, weil die Generationen vor uns gestorben sind. Die Aschegefäße werden in Eitorf im Begräbniswald ausgeschüttet und die flüchtige Asche wird gleich weiterverarbeitet. Wem schenkt sie auf dem Boden wohl neues Leben?

Die Sonnenstrahlen wärmten mich. Ich nahm meinen Rucksack, stand auf und schwang ihn auf meinen Rücken. Ich klickte den Hüftgurt ein und kontrollierte den Sitz des Rucksacks, der nun auf der Hüfte aufliegt und das Gewicht von den Schultern nahm. Ich warf noch einmal einen Blick zurück und sah ein älteres Paar mit gefalteten Händen vor einem Baum stehen, die Köpfe gesenkt. Ich setzte einen Fuß vor den anderen und ein Zitronenfalter, der vor mir herflatterte, brachte mich wieder auf andere Gedanken. Er schien tatsächlich kleine Flatterkunststücke zu vollführen. Ich schmunzelte, weil ich mir vorstellte, dass er dabei ein Liedchen summte. Er nahm eine mir unsichtbare Abbiegung in der Luft und flatterte in den lichten Mischwald.

Ich trat aus dem Wald heraus und sah auf weite offene Wiesen. Am Rand Wälder und über mir schrie ein Milan. Rechts von mir sah ich ein paar Häuser. Der Wanderweg steuerte direkt auf eine kleine Hütte zu. Diesmal war es aber keine Hütte, die an einer Seite komplett offen ist. Sie war wirklich eine kleine geschlossene Hütte mit einer Tür. Ich drücke die Türklinke herunter, die Tür ließ sich öffnen. Spinnweben hatten versucht die Tür zu versperren, und einige Fäden zogen sich quer durch mein Gesicht. Ich zuckte zurück. Es gibt angenehmere Dinge im Leben. In der Hütte stand ein einfacher Tisch mit Stühlen und eine Bank. An den Wänden verblasste Bilder von Menschen, die offenbar zum Dorf nebenan gehörten. Das schloss ich aus einem Schild gleich hinter der Tür, das ich beim Eintreten nicht gleich wahrgenommen hatte:

»Geh deinen Weg wahrhaftig würdig, wohin er dich auch führen mag.«

Und der Hinweis, dass die Dorfgemeinschaft *Ottersbach* diese Hütte aufgestellt habe. Ein Lob der Dorfgemeinschaft! Ich stellte mir vor, es würde in Strömen regnen und ich säße in der Hütte der Dorfgemeinschaft. Die Tür stünde auf und ich packte meine mitgebrachte Brote, einen Käse und meine Thermoskanne aus. Der Tee würde mich wärmen. So könnte der Wanderer doch prima den Schauer abwarten, bis er frisch gestärkt und trocken seinen Weg »würdig« fortsetzt. Der Gedanke gefiel mir, freute mich allerdings, dass gerade in dem Moment die Sonne so schön schien.

Insgesamt roch es ein wenig muffig. Die Tür hatte wohl lange nicht mehr aufgestanden. So entschloss ich mich für den Tannenduft, den natürlichen Wunderbaum vor der Hütte. Das Wetter war an dem Tag viel zu einladend, um die Zeit in einer Schachtel zu verbringen. Wieder fiel mir auf, wie wenig der Mensch eigentlich wirklich im Leben braucht. Es sind die einfachen Dinge, die mir ein Gefühl der Zufriedenheit und des Einsseins mit der Welt geben. Bei allem anderen bekommt der Mensch nur Hunger nach mehr. Ein Hunger, der nicht gestillt werden kann. Auch der Drang nach Wichtigkeit, danach wahrgenommen zu werden, nach Geltungssucht und ins Unermessliche wachsen zu wollen, endet wahrscheinlich erst dort, wenn man die Weltherrschaft erreicht hat. Aber dann gibt es ja immer noch das Weltall.

Ich traf mal einen Menschen, der hungrig nach Anerkennung war. Ich nahm ihn wichtig und er sonnte sich darin, wichtig zu sein. Damit dieser Mensch weiß, dass er wirklich wichtig ist, trägt er nur Markenartikel, die knallgelbe Shorts, das Poloshirt und die Flipflops, die eigentlich nur aus einem Plastikriemen und einer Plastiksohle bestehen. Aber da ist das Markenlabel und dadurch sind sie selbstverständlich teuer. In Indien hatte ich mal gesehen, dass die Menschen aus alten Autoreifen sehr schicke Modelle für Flipflops bastelten. Die waren nicht weniger funktional, aber eben nicht mit Label.

Zurück zu dem hungrigen Anerkennungssüchtigen.

»Früher haben sie immer Schlappi zu mir gesagt«, berichtete er stolz. Damit war nicht seine körperliche Konstitution gemeint, sondern sein Fußoutfit. Mir gegenüber wollte er damit natürlich dokumentieren, dass er im Job so erfolgreich war, dass er sich erlauben konnte, in der Firma mit Flipflops herumzulaufen. Bei BMW sei er gewesen und der beste Verkäufer für die C1 Motorräder. Das waren die Motorräder, in denen man praktisch im Überrollbügel saß.

»Da kann einem nix passieren, ich habe die Kunden immer aufgefordert, darin Platz zu nehmen und dann habe ich das Motorrad langsam auf die Seite gelegt.

Sehen Sie, habe ich den Kunden gesagt, die ja mit dem Sicherheitsgurt festgeschnallt waren, nichts aber auch rein gar nichts kann ihnen in dem Motorrad passieren. Sie können ohne Motorradhelm darin fahren. Das ist gerade im Sommer immer luftig. Sie haben ein ganz freies Gefühl und sie sind ganz sicher.«

Ein wenig blass habe der Kunde in dem Sicherheitsring gehangen, konnte sich nicht bewegen und er wurde dann wieder langsam, mit Hilfe eines Kollegen aufgerichtet.

»Sehen Sie, nichts ist passiert und die Sitze gibt es auch beheizbar und in Gelb. Biene Maja wie wir immer sagen - hahaha - weil es so fröhlich ist. Ist überhaupt ein sehr fröhliches Motorrad und sicher. Sehr sicher. Und von der Steuer können sie es auch absetzen. Es gibt noch einen Koffer dazu, in dem ein ganzer Kasten Bier passt. Natürlich nur gegen einen kleinen Aufpreis. Aber das ist der Rede nicht Wert.«

So saß er vor mir, bezog Hartz IV, und berichtete von seinen Erfolgen als BMW-Verkäufer in Flipflops. Ich war zu der Zeit Dozent an einem Bildungsinstitut und sollte ihn coachen und helfen einen neuen Job zu finden. Aber auf keinen Fall wolle es irgendetwas unter 80.000 Euro im Jahr, plus Dienstwagen und Weihnachtsgeld. Pharmareferent wäre prima.

»Da ist das locker drin! Super Provision.«

Eine entsprechende erfolgreiche Weiterbildung zum Pharmareferenten hatte er schon hinter sich. Eine vom Amt bezahlte Maßnahme.

»Ein Computerkurs muss noch drin sein … , habe ich meinem Kundenberater auf dem Amt gleich gesagt.«

Während er immer weiter redete, von seiner exklusiven Küche, seinem exklusiven Markenfahrrad, seinem exklusiven Handy, sah ich mir schon mal seinen Lebenslauf an. Er hatte in Rom Theologie studiert, in *Sant' Anselmo* gewohnt (der Hochschule der Benediktiner) und kannte selbstverständlich Kardinal Wölki aus Köln persönlich. Er sollte ein ordentliches Stipendium von 35.000 Euro im Jahr für das Studium bekommen. Das sei ihm persönlich zugesagt worden.

»Die haben einfach ihre Zusagen nicht gehalten und so musste ich kurz vor der Priesterweihe das Seminar verlassen und aus Sant' Anselmo ausziehen. Als ich wieder in Köln war, habe ich mir natürlich als ehemaliger Seminarist eine Wohnung genommen, die dem Erzbistum Köln gehört. In bester Lage versteht sich und geringer Miete.«

»Verstehe«, sagte sich ein wenig abwesend, »und wie steht es mit ihrer Überzeugung, ihrem Glauben?«

»Ich trete jetzt natürlich aus der Kirche aus. Ich sehe ja nicht ein, dass ich soviel Kirchensteuer zahle. Das kann ich mir nicht erlauben. Ich will schließlich in ein paar Jahren durch sein. Wer will schon sein Leben lang arbeiten?«

Er sah mich an und erwartete Zustimmung. Vergebens.

»Geld brauch ich vor allem auch für die Spritzen«, sah er mich mit einem offenen Gesicht an.

»Sind Sie Diabetiker?«, fragte ich naiv und zugleich besorgt.

»Nein, das ist für Botox. Ich will frisch aussehen. Alle drei Monate lasse ich mir im Gesicht gegen die Falten auf der Stirn und um die Augen Botox spritzen.«

Ich lehnte schließlich das Coaching ab. Er hatte mal an ethische Grundsätze geglaubt, sonst wäre er ja nicht ins Priesterseminar gegangen. Er verlor den Glauben und es bleibt die Frage, ob er nicht nur Priester werden wollte, um Anerkennung zu bekommen? Aber das weiß ich natürlich nicht.

Ich ging gerade mit dieser Überlegung an der Kirche von *Herchen* vorbei. Irgendwo musste ich gleich die Straße überqueren und auf einem zugewachsenen Pfad erreichte ich den *Thingplatz* der Nationalsozialisten, 1934 angelegt wie ein griechisches Theater. Die Bühne bildet eine Rotunde mit der Inschrift:

»*Geboren als Deutscher - Gelebt als Kämpfer - Gefallen als Held - Auferstanden als Volk.*« Ich setzte mich auf eine der Stufen. Ich bin zwar nach dem Ende des Zweiten Weltkrieges geboren, erinnere mich aber sehr gut an die Erzählungen meiner Großeltern und Eltern. Vor allem an einen Tag, als ich mit meiner Mutter in einer Pizzeria in Köln-Deutz saß.

Es war ein Spätsommertag. Eine Windböe streifte das Eckfenster der Pizzeria und gab dabei ein Geräusch von sich, als ob ein Lederriemen über eine scharfe Kante gezogen wurde. Es hörte sich klagend an. Wir, meine Mutter und ich, gingen auf das kalte Betongebäude an der Deutzer Freiheit in Köln zu. Schräg gegenüber stand eine Kirche, die die Bomben verschont hatten. Die Brücke über den Rhein verlängerte eine Schneise, die die Häuser auf Deutzer Seite teilte.

»Da vorne ist eine Pizzeria«, sagte ich zu meiner Mutter, »sollen wir dort eine Kleinigkeit essen?«

Der untere Teile des Betongebäudes wirkte mit seinen breiten Glasscheibenfronten wie ein Aquarium. Ich stieß die Tür mit den Wind auf und musste sie festhalten, damit sie nicht nach hinten umschlug. Klein und ein wenig geduckt, so, als wollte sie sich vor dem Wind klein machen, ging meine Mutter in die Pizzeria.

»Ist schön hier«, bemerkte sie kurz.

Der Raum strahlte Kälte aus. Es war dunkel und die Tische waren auf dunkles Ebenholz gebeizt. Unter normalen Umständen hätte ich einen weiteren

Fußmarsch in Kauf genommen und wäre vielleicht zu »Lommi« gegangen, nur ein paar Straßen weiter. »Lommi« hieß eigentlich Lommerzheim, aber der Kölner neigt zur Verniedlichung. Da gibt es dann ein *Bierchen*, ein *Schnittchen* und für die Raucher ein *Zigarettchen*. Alles bei Lommi. Wer in dieser Kneipe durch die Tür geht, durchschreitet gleichzeitig eine Zeitschleuse. Es gibt kaum Stühle, Bierfässer dienen zum Abstellen der Biere stehen auf dem, mit Zigarettenkippen übersäten Boden. Lommerzheim zapfte persönlich die Biere, eines nach dem anderen. Jeden anderen Wirt würde das freuen, wenn das Geschäft läuft. Lommi war immer missgelaunt, so dass ich mich manchmal gefragt habe, warum er die Kneipe überhaupt übernommen hatte. Das war 1959, nur ein paar Jahre nach Kriegsende. Die Einschüsse und die Granat- und Bombensplitter stecken immer noch in der Aussenwand. Auch heute noch. Ab und zu jonglierte Lommi ein Schnitzel über die Köpfe seiner Gäste, wobei er aufpassen musste, dass die Enden des Schnitzels nicht die Köpfe streiften. Es war so groß, dass es weit über den Tellerrand hing.

Ich dachte gerade an ein solches Mammutschnitzel.

»Wissen Sie schon was sie trinken wollen?«, fragte die junge Kellnerin.

Sie war fast unbemerkt an unseren Tisch in der Pizzeria gekommen, an dem wir in der äußersten Ecke

Platz genommen hatten. Ich bestellte einen Apfelsaft, weil meine Mutter in der Wirtschaft immer Apfelsaft trank und kam damit gleich ihrer Frage zuvor:

»Haben sie Apfelsaft?«

Auf der Speisenkarte entdeckte ich auch schon »*Pizza Hawaii*«. Es konnte Schnitzel, Toast oder Braten sein - sobald der Entscheidungsauslöser »*Hawaii*« dabeistand, war die Entscheidung klar. Vermutlich hätte es auch eine »Gewürzgurke Hawaii« sein können. Meine Mutter nahm immer »*Hawaii*« und ich glaube nicht, dass sie irgendeine Verbindung zu dem 51. Bundesstaat der USA sah. »*Toast Hawaii*« war einmal das Rezept von Fernsehkoch Clemens Wilmenrod, der in den 50er-Jahren des vorigen Jahrhunderts über unseren Bildschirm, Modell »Loewe Opta« in Schwarzweiß flimmerte. Von gestochener Schärfe war in den TV-Zeiten noch nicht die Rede. Hauptsache es zappelte etwas hinter der Scheibe und das *Magische Auge* (eine grüne Anzeige am unteren Rand des Bildschirmes) war scharf eingestellt. Das garantierte einen optimalen Empfang des Grundrezeptes »*Toast Hawaii*«. Später kam als weiteres Highlight noch das »*Schinkenröllchen mit Spargel*« hinzu und nicht zu vergessen, das »*Russenei*«. Dieses hochmoderne Buffet wurde immer gerne auf der einen oder anderen Nachbarschaftsparty neben dem Käseigel drapiert. Nichts davon hat eine Renaissance erlebt. Lediglich die

Hawaii-Variante überlebte die Zeit. Meine Mutter strahlte über das ganze Gesicht, als sie die Speisenkarte studierte.

»Ich nehme Pizza Hawaii«, sagte sie, als habe sie besonders lange an dieser Entscheidung gefeilt.

Zufrieden blickte sie aus dem Fenster. Eine rote Straßenbahn bog gerade vom Deutzer Bahnhof aus auf die Deutzer Brücke. Ihr Blick folgte der Bahn.

»Da war früher eine Wiese«, sagte sie, »gleich links von der Brücke.«

»Wann war das denn?«, wollte ich wissen, weil ich mich an eine richtige Wiese an der Stelle nicht erinnern konnte. Ein kleines Stück zertrampeltes Grün, gerade mal so groß wie drei Küchentische, das war alles, was ich sehen konnte.

»Nein, nein, da war eine richtig große Wiese. Da hat mich mein Vater gerollt ...«

»Gerollt? Da hat er mit dir herumgetollt? Das war doch nett. Hast du nicht hier auch in der Nähe gewohnt?«

»Wir Kinder brannten, die ganze Kleidung, am Ärmel, an der Jacke«, berichtete sie tief aus der Vergangenheit.

Sie erzählte, dass in der Nacht vom 30. zum 31. Mai 1942 plötzlich um Schlag Mitternacht die Sirenen heulten.

»Wir wohnten in der Düppelstraße und mein Vater packte uns und drängt uns die dunkle Treppe hinunter in den Keller. Im Keller standen ein paar alte Liegestühle und eine Holzbank. Das war alles. Dann war das *Tak-tak-tak* der Flakgeschütze zu hören.«

Sie habe genau gewußt, dass da Hitlerjungen im Alter von 15 bis 17 Jahren dran standen. Vierzehn Tage lang seien sie eingewiesen worden.

»Jetzt waren sie stolze *Werwölfe* für den Führer, die den Feind mit der Flak bekämpften.«

Es war so, als würde man mit einem Panzer gegen einen Tsunami kämpfen, denn die Engländer kamen mit einer Bomber-Welle nach der anderen, öffneten die Bombenschächte und warfen alles ab.

»Häuser krachten zusammen, es dröhnte, es pfiff und dann das Knacken der brennenden Dachstühle. Sand rieselte aus dem Mauerwerk im Keller. Nach jedem Schlag. Und noch einer und noch einer. Es hörte nicht auf. Die Einschläge kamen näher. Plötzlich erzitterte das ganze Haus, es krachte über unseren Köpfen, die Flammen schlugen aus der Kellertüre, und dann begann die hölzerne Kellertreppe lichterloh zu brennen. Die Flammen züngelten und suchten sich rasch ihren Weg nach unten. Eine Falle. Der Rückweg war versperrt. Vater drängte die Kinder und seine Frau zu einem Durchbruch in der Kellerwand. Mit den Händen erweiterte er das Loch. Die roten Backsteine flogen in den Raum. Viele Keller in den alten Häusern hatten solche Durchbrüche im letzten Kriegsjahr vorbereitet. Sie dienten als Notausgang. Gerade wollte Vater die Kinder durch das Loch heben, als sich ein Mann in einer schwarzen Uniform auf der anderen Seite breitbeinig vor den Ausgang stellte. ‚Sie kommen hier nicht durch', schrie er fast hysterisch ‚sonst bringe ich Sie vor das Kriegsgericht'.«

Das weitere Geschehen muß sich laut meiner Mutter so abgespielt haben:

»Mumpitz!«, schrie ihr Vater zurück und gab dem SS-Mann einen wuchtigen Kinnhaken.

»Dann bringen Sie mich doch vors Kriegsgericht!«, brüllte er ihn an, als der SS-Mann zurücktaumelte. Vater schob die Familie vor sich her in den Keller des Nebenhauses und kümmerte sich nicht weiter um den SS-Mann. Die Kellertreppe im Nebenhaus war nicht beschädigt. Sie hasteten die Treppe hoch. Sie kamen in einen Flur, die Außentüre hatte sich verklemmt. Die kleine Glasscheibe in Augenhöhe war zerborsten. Draußen schlugen aus dem gegenüberliegenden Haus die Flammen. Mit einem lauten Krachen brach der Dachstuhl ein, die Außenmauern des Hauses wackelten und beulten sich im dritten Stockwerk nach außen. Es gab noch eine Türe im Flur. Sie stand offen und sie liefen darauf zu. Dahinter war ein Wohnzimmer. Die Anrichte, die Couch, die Sessel waren mit einer feinen

Mörtelschicht bedeckt. In der Außenmauer zur Straße hin, klaffte ein riesiges Loch. Sie liefen los, stürmten auf die Straße, in der es gespenstig leuchtete. Dunkelrot war der Himmel durch die Häuser, die wie Fackeln brannten.

Er wollte mit den Kindern und seiner Frau aus den Häuserschluchten, die immer wieder vor allem dadurch äußerst gefährlich waren, weil plötzlich Flammen herausschlugen. Glassplitter von zerberstenden Fensterscheiben explodierten auf die Straße. Dann brach wieder ein Haus zusammen, die Außenwände stülpten sich mit lautem Krachen auf die Straße, rote Backsteine flogen. Ihr Vater hastete weiter und trieb seine Familie vor sich her. Dann war wieder das Dröhnen in der Luft zu hören. Der Angriff der Engländer war noch nicht vorbei. Pfeifend krachten wieder Bomben in die Häuser, die noch nicht getroffen worden waren. Trotz der dicken undurchdringlichen Qualmschicht, die über Köln lag, fanden die Bomber ihr Ziel. Es waren die Spitzen der beiden Türme des Kölner Domes, die den Piloten als Ziel dienten. Dort wo es durch die Qualmschwaden nicht Rot schimmerte, mussten noch unzerstörte Häuser liegen. Dort, genau dort, warfen sie ihre fürchterliche Fracht ab, die pfeifend durch die Qualmdecke stieß. Anschließend färbte sich auch dort der Rauch rot.

Gerade als sie auf Höhe eines Hauses rannten, das noch unzerstört war, schlug krachend eine Phosphor-Brandbombe in den Dachstuhl. Von oben spritzte das klebrige Phosphor auf die Straße. Der kleine rote Mantel vom Maria (meiner Mutter) bekam etwas von der Flüssigkeit ab, auch die anderen drei Kinder hatten Spritzer abbekommen, die sofort brannten. Alle rannten Richtung Rhein. Die Flammen auf den Jacken und Mäntel waren nicht auszuschlagen und durch das Laufen wurden sie weiter angefacht. Als die Familie die Wiese an der Deutzer Brücke erreichte, schrie Vater, dass sich alle hinlegen sollten und dann rollte er die Kinder so schnell er konnte über die Wiese, bis die Flammen erloschen waren und nur noch schwarze, stinkende Brandflecke in den Mänteln übergeblieben waren. Auf der Wiese waren sie vorerst sicher vor einstürzenden Häuserwänden. Über die Deutzer Brücke rannten die Menschen von der linken auf die rechte Rheinseite. Sie wollten raus aus der Innenstadt, denn es war klar, dass es wieder eine neue Angriffswelle auf Köln geben würde. Die Flakabwehr mit den Hitlerjungen war längst überall verwaist. Die Jungen liefen orientierungslos und teilweise heulend über die Brücke. Die Menschen standen am Ufer. Auf der gegenüberliegenden Seite und hinter ihnen, brannten knisternd und krachend die Häuser. Nur auf dem Stück Wiese am Rhein schienen sie für einen Augenblick in

Sicherheit. Ihr Vater (mein Großvater) nahm alle in seine Arme und drückte seine Familie schützend und ohnmächtig zugleich.

Am Tag darauf, es war der 31. Mai 1942, brannten die Häuser immer noch. Das Phosphor war schwer zu löschen. Aber wer wollte das schon? Es war doch alles verloren. Was wollte man denn noch retten? Überall verkohlte Mauern. Und in der Mitte der Häuser lagen auf den Schutthaufen Öfen, Badewannen und Kochherde. Sie waren aus allen oberen Stockwerken nach unten durchgeschlagen. Überall roch es verbrannt.

»Ein Lastkraftwagen mit einem Lautsprecher bog in die Düppelstraße«, erzählte meine Mutter weiter, »es waren Männer der NSDAP, die mit ihren Durchsagen Frauen und Kinder aufforderten, die Stadt Köln in Richtung Stadtgrenzen zu verlassen. Der Laster bog wieder an der nächsten Kreuzung ab und die Durchsagen wurden immer leiser und vermischten sich mit dem Knistern der Häuserbalken, die immer noch brannten.«

Artikel aus »Sirene«, Illustrierte Zeitschrift des deutschen Reichsluftschutzbundes, Nr. 5, 1943:

Der Selbstschutz wird mit allen britischen Brandabwurfmitteln fertig! Jedenfalls haben die Erfahrungen in den Luftangriffsgebieten und planmässige Versuche bewiesen, dass die deutschen Selbstschutzkräfte mit den ihnen zur Verfügung stehenden Selbstschutzgeräten sowie mit Sand und Wasser bei diszipliniertem und entschlossenem Vorgehen sehr wohl mit allen Brandabwurfmitteln der britischen Flieger fertig werden.

Die Bilanz der abgeworfenen Bomben über Köln in einem Bericht der Kölner-Luftfahrt:

1274 Luftminen
42.950 Sprengbomben
1.401.939 Stabbrandbomben
39.649 Phosphorbrandbomben
und Kanister

Schmale Pfade und tote Bäume

RUND UM HERCHEN

Es gibt beim *Natursteig Sieg* zwei Etappen, die sich im Kreis drehen oder besser gesagt: der Wanderer dreht sich im Kreis. Etwas, was er sonst tunlichst vermeiden sollte. Bei der einen Etappe geht er in einer Schleife um *Herchen* und bei der anderen später als Rundweg um den Ort *Wissen*. Ich gebe gerne zu, dass ich die Rundwege hinterher gewandert bin, weil ich erst einmal den gesamten Natursteig entlang laufen wollte, ohne eine Ehrenrunde am Rand. Allerdings wunderte ich mich später wie schön gerade diese beiden Rundwege sind. Und ein wenig habe ich es dann auch bereut, dass ich, nachdem ich in Herchen ankam, nicht gleich die Schleife gewandert bin. Der Einstieg in die Schleife ist identisch mit dem Weg in Richtung *Schladern*. Das heißt, die elend lange Treppe ein paar Meter hinter dem Bahnhof hoch, nachdem der Wanderer einen Blick in die Sieg, von der Eisenbahnbrücke aus geworfen hat. Wie das aussieht, erzähle ich in der nächsten Etappe. Gut - also oben angekommen, gleich hinter einer Schule geht der Rundweg rechts herum und entlang eines schmalen Pfades durch den Wald. Über den Natursteig Sieg und die Etappe 6, also die Schleife um Herchen, habe ich im Internet ein kurzes Video gefunden. Ein Jogger läuft über den Wanderweg. Ich wunderte mich. Eigentlich ist es doch genau das, was der Mensch in der Natur nicht tun sollte, es sei denn ein Löwe verfolgt ihn. Was in unseren Wäldern eher selten ist. Es geht doch darum, die Bewegung durch die Natur zu verlangsamen und statt des eigenen Atemrhythmuses durch das Laufen, das Summen der Bienen zu hören. Diesen Wanderweg zu joggen, hat wieder etwas damit zutun, dass ich Leistung bringen muss. Aber gerade das absichtslose Wandern durch den Wald und die Wiesen ist schließlich das, was einen als Mensch zurückführt zur Natur. Es geht auf dem Wanderpfad doch nicht um Leistung. Jeder hat sein eigenes Tempo, das er in den Einklang mit der Natur bringen möchte. Bitte jetzt nicht missverstehen. Ich habe nichts gegen das Joggen, ich finde nur, dass ein schöner Wanderweg, ein schöner Weg zum Wandern ist und dafür wurde er angelegt. Übrigens auch nicht für Mountainbiker, die versuchen auf den schmalen Wegen durch den Wald über einen drüber zu fahren. Die breiten Forstwege sind prima für Mountainbiker und Wanderer, aber bitte doch nicht die schmalen Pfade durch den Wald.

Ich habe die Schleife rund um Herrchen in Zeiten der Corona-Pandemie erwandert und ich gehöre zur Risikogruppe. Ich hatte keine Angst, wollte mich aber natürlich an die Abstandsregel zu anderen Menschen halten. An machen Stelle war es wirklich schwierig, diesen geforderten Sicherheitsabstand von zwei Metern einzuhalten. Ich musste entweder einen Hang hinauf, was mir immer sicherer erschien, oder einen Abhang hinunter, um die nötige Distanz zu schaffen. Bei der schrägen Kletterei den Hang hinauf - also bei einem Ausweichmanöver - resümierte ein Wanderer mit Stock und blauem Rucksack:

»Wir kriegen jetzt zwar keinen Virus, aber einen kaputten Fuß.«

Weil das Risiko, bei den Ausweichmanövern auf dem schmalen Pfad umzuknicken groß war. Bei Mountainbiker war das praktisch unmöglich, da sie einfach zu schnell bei mir waren und ich konnte nicht mehr rechtzeitig ausweichen. Meine Freundin meinte:

»Die glauben ernsthaft, dass sie schneller als der Virus sind!«

Möglicherweise hat sie recht, aber fragen konnte ich nicht, da die Räder zu schnell an mir vorbeischossen.

Eine andere Epidemie hatte zudem den Wald befallen. Es war nicht nur der Borkenkäfer, der die Bäume zerstörte, sondern zudem die Trockenheit der vergangenen Jahre. Die Baumrinden platzten ab. Die Bäume starben, weil sie nicht tief genug wurzelten, um an Grundwasser zu kommen. Die abgestorbenen Bäume wurden entfernt und so stolpert der Wanderer oft über Reisig, Ast und Baumstumpffelder. Dabei sucht er verzweifelt die Markierungen des Natursteigs. Die sind oft ebenfalls abgeholzt worden und so habe ich mich denn prompt verlaufen. Um mich auf den richtigen Weg zurückzuführen, half mir dann doch die App vom Natursteig Sieg auf meinem Handy. Sie zeigte genau die Position an, wo sich der verirrte Wanderer befindet und weist ihm den Weg in die richtige Richtung. Normalerweise bin ich zwar für eine Art digitalen Purismus, aber ehrlich gesagt, war die App bei einem schwer abgeholzten Terrain ziemlich hilfreich. So schaffte ich es, schließlich wieder beim Bahnhof in Herchen einzutrudeln. Und die Bahnhofsuhr stand immer noch auf 14:36 Uhr wie zu Beginn der Wanderung. Steht sie immer. In Herchen scheint die Zeit still zu stehen.

Mit Rousseau zu Schafen und Bikern

VON HERCHEN NACH SCHLADERN

Ich nahm mir vor, den Wald einmal auf eine ganz besondere Weise zu spüren. Ich kann Bäume anfassen und die unterschiedlichsten Rinden nur mit den Fingerspitzen ertasten; die Vögel in den Bäumen zwitschern hören oder die Eichhörnchen keckern und schließlich die unterschiedlichen Düfte, Tannennadeln, Erde und Moos wahrnehmen. Eines fehlt dabei allerdings: Wie spüre ich den Weg unter meinen Füßen? Wir haben früher einmal den Boden gespürt, jeden einzelnen Stein, jede kleine Wurzel, jede Unebenheit. Als Menschen liefen wir barfuß, was wir heute meistens nur noch am Strand machen. Und dann entfernten wir uns als Mensch vom Boden und schnallten oder banden etwas unter unsere Füße, um den Boden, der uns trug, nicht mehr zu spüren. Gut - die Sohlen schützen uns auch vor Dornen und Splittern. Mit einem Stachel im Fuß läuft keiner gerne herum. Aber Tatsache ist doch, dass wir uns vom Waldboden entfernt haben.

Entgegen meiner sonstigen Gewohnheit fuhr ich mit der Bahn, der Linie S 12, vom Bahnhof Herchen aus zurück nach Hause. Ich startete eine kleine Recherche darüber, welche Gefahren auf mich lauern würden, wenn ich barfuß durch den Wald gehen würde. Resultat: außer Schmerzen dadurch, dass meine Fußsohlen das nicht mehr gewohnt waren, eigentlich nichts. So komplett ohne was den Füßen zu haben, habe ich mich dann doch nicht getraut und entdeckte *Barfußschuhe*. Dabei läuft man natürlich nicht wirklich barfuß, aber so gut wie. Die Schuhe sind sehr leicht und haben eine hauchdünne Kautschuk-Sohle, die meine zarten Füße vor Verletzungen schützen. Dennoch sind sie aber ansonsten so, als würde ich barfuß laufen. Das hörte sich doch prima an und so bestelle ich mir gleich ein Paar Barfußschuhe und konnte es kaum erwarten, damit loszuwandern. Eine Woche später kam das Paket an, das praktisch nichts wog. Schon ein erstes Indiz dafür, dass die Schuhe wohl extrem leicht waren. Das bestätigte sich, nachdem ich das Paket geöffnet hatte. Ich konnte die Schuhe zudem rollen, knautschen und verbiegen. Als ich sie schließlich anzog und ein paar Schritte versuchte, war ich erstaunt, dass ich den Unterschied vom Teppich zum gefliesten Boden ertastete, besser ertrat. Es war zudem auf dem Teppichboden viel angenehmer, als auf den harten Fliesen. Laut Beschreibung waren die Schuhe wasserdicht. Das könnte sich vor allem auf taufeuchten Wiesen von Vorteil erweisen.

Mit den neuen Barfuß-Wanderschuhen betrat ich wieder die Bahnlinie S 12 und ließ mich erneut zum Bahnhof Herchen bringen. Ich stieg aus und umrundete das Bahnhofsgebäude, das schon lange nicht mehr genutzt wird, zur Straße hin. Die alte Bahnhofsuhr reckte sich von der Bahnhofswand. Sie ist immer noch auf 14:36 Uhr stehen geblieben und ich fragte mich »in welchem Jahr?« Ob in den Häusern gegenüber noch jemand wohnt? Sie wirkten verlassen, geisterhaft. Der Zuweg lief entlang der Straße, bis er nach rechts auf die Eisenbahnbrücke abbog. Ein älterer Mann, mit Plunder und kariertem Hemd, der in den Sechzigern stehengeblieben war, sprach mich kurz vor erreichen der Stahlbrücke an. Er hatte mich als Wanderer identifiziert (möglicherweise hat er ja aufgrund meines riesigen grünen Rucksackes haarscharf auf »Wanderer« geschlossen):

»Na - wo wollen Sie denn hin?«

Ich erklärte, dass ich auf dem *Natursteig Sieg* wäre (was ja irgendwie offensichtlich war) und die siebte Etappe nach Schladern vor mir läge. Er schüttelte den Kopf.

»Gehen Sie doch lieber am Fluß entlang, das ist viel bequemer.«

Ich dankte freundlich für den großartigen Insidertipp und setze meinen Fuß auf die Brücke, in die Richtung, in die das blaue »*S*« des Natursteigs wies. Ich spürte den Blick des Mannes in meinem Rücken. Offenbar konnte er es nicht fassen, dass ich seinem exquisiten Experten-Tipp nicht gefolgt war. Das entnahm ich dem strengen Blick, als ich noch einmal kurz über die Schulter blickte und ihm zuwinkte. Wie auch immer. Schließlich wollte ich keine Abkürzung oder Bequemlichkeit - ich wollte den *Steig*, mit all seinen Anstrengungen und Umwegen. Und das ließ nicht lange auf sich warten. Am Ende der Brücke nahm ich sie wahr: eine äußerst steile Treppe. Sie erinnerte mich an einen Aufstieg an den Azteken-Pyramiden. Und ich hoffte, nicht dem Sonnengott geopfert zu werden, wenn ich die Treppe erstieg. Sie wirkte sehr massiv und für einen kurzen Moment dachte ich doch noch einmal über den Vorschlag des Mannes nach. Als ich die Mitte der Stahlbrücke erreichte, lehnte ich mich über das Geländer und blickte ins Wasser. Es floß langsam unter mir durch und ich fühlte mich seltsam angezogen von der Bewegung. Das ging mir auf den Rheinbrücken seltsamerweise auch so. Immer wenn ich in den Rhein sah, kam er mir näher und ich hatte fast das Bedürfnis hineinzuspringen. Damit hier kein Missverständnis aufkommt: Ich bin nicht suizidgefährdet. Aber vielleicht geht es jemand anderen ebenso, dass immer, wenn er über das Geländer einer Brücke in einen Fluß sieht, sich unwillkürlich angezogen fühlt. Im klaren Wasser der Sieg wehte Gras auf dem Grund des

Flusses, es wogte hin und her, stetig in der Fließrichtung. Da das Wasser so klar ist, wirkte die Szenerie seltsam poetisch wie aus einer Märchenwelt.

Eine kleine Metalltafel am Brückengeländer erinnert an ein Hochwasser am 12. Februar 1909. Es war das bis dahin höchste Hochwasser der Sieg. Sämtliche Brücken waren weggerissen worden: in Röcklingen, Herchen und die Brücken in Stromberg. In Hennef wurde damals eine Herde von 600 Schafen vom Wasser komplett eingeschlossen. Nur 150 Tiere konnten gerettet werden. Die Not der Tiere beschäftigte mich noch eine Weile und ich mochte mir ihr Elend gar nicht vorstellen.

Am Ende der Brücke lenkte ich mich ab und nahm mit Schwung die ersten Stufen der Pyramiden-Treppe. Etwas weiter oben kamen mir Schulkinder entgegen, fröhlich, laut und freundlich. Sie grüßten dem keuchenden Wanderer zu. Die sportlichen Schüler des Bodelschwingh-Gymnasiums wechselten die Klassenräume. Die Schule ist in den Hang gebaut und so mussten sie zumindest den oberen Teil der Treppe nutzen. Wenn ich mich an diesem Tag nicht verzählt habe, sind es 256 Stufen, bis der Weg das Gymnasium umrundet und nach rechts in den *Philosophenweg* abbog. Ein schmaler Pfad, der gesäumt war, von frischen Baumstümpfen. An dieser Stelle reckten sich einmal stolze Fichten in den Himmel. Der Borkenkäfer hat ihnen den Garaus gemacht. Ein trauriger Anblick. Wie viele Jahre wird die Natur wohl brauchen, bis der Wanderer wieder das helle Licht durch Fichtenstämme leuchten sieht? Apropos Philosophenweg. Ich bin mir nicht sicher, ob hierbei an *Jean-Jaques Rousseau* bei der Namensnennung gedacht wurde, dem man fälschlicherweise der Ausspruch »*Zurück zur Natur*« zuschreibt. Den hat er so nicht von sich gegeben. Allerdings erinnerte mich Rousseau an einen anderen Ausspruch in seiner Akademieschrift, korrekt 2. *Teil Discours*:

»*Der erste, der ein Stück Land mit einem Zaun umgab und auf den Gedanken kam zu sagen ‚Dies gehört mir' und der Leute fand, die einfältig genug waren, ihm zu glauben, war der eigentliche Begründer der bürgerlichen Gesellschaft. Wie viele Verbrechen, Kriege, Morde, wie viel Elend und Schrecken wäre dem Menschengeschlecht erspart geblieben, wenn jemand die Pfähle ausgerissen und seinen Mitmenschen zugerufen hätte:*
‚Hütet euch, dem Betrüger Glauben zu schenken; ihr seid verloren, wenn ihr vergesst, dass zwar die Früchte allen, aber die Erde niemandem gehört.'«

Das war wohl eher das, was der Philosoph im Sinn hatte, wenn er an die Natur dachte. Sie gehört nur sich selbst. Und ich musste oft daran denken, wenn ich auf dem Natursteig Sieg zwischen Zäunen meinen Fuß setzte. Zäune, die nur noch einen schmalen Weg freigaben. So marschierte ich mit schwerwiegenden Gedanken philosophierend auf dem Pfad zwischen der Sieg und der Bahnlinie weiter. Unvermittelt schwang der Weg nach rechts in einen kleinen Tunnel unter die Bahnlinie durch. Dahinter öffnete sich eine völlig andere, fast märchenhafte kleine Lichtung. Ich schritt durch ein Feuchtgebiet, das hinter mir durch den Bahndamm und auf der anderen Seite durch Bäume abgeschirmt war. Der Weg schlängelte sich durch hüfthohe grüne Pflanzen, die an ihren Spitzen kleine rote Blüten trugen. Der Himalaya lässt grüßen, denn diese Pflanzen haben ihre Heimat Indien verlassen und sind zu uns, getarnt als hübsche Zierpflanzen, im 19. Jahrhundert eingewandert. Um das Jahr 1915 wunderten sich die damaligen Wanderer in der freien Natur, weil die Pflanze ihnen in Feuchtgebieten und außerhalb von Gärten entgegen leuchteten. An der Isar gelten sie mittlerweile als gut eingebürgert. Das »*Indische Springkraut*« (darum handelt es sich) breitet sich jedenfalls seit 1950 stark aus. Österreicher, so las ich in einem Blog aus der Alpenregion, finden das nicht gut. Sie glauben, dass das Indische Springkraut die heimischen Pflanzen verscheuchen würde und empfehlen, doch aus den Blüten einen herrlichen, schmackhaften, roten Gelee zu kochen. Aber Vorsicht, nicht zu viel der Blüten, denn das Springkraut wird ebenfalls als Brechmittel eingesetzt.

Ich schlenderte langsam, ganz langsam durch die Zauberwaldblüten und konnte, wenn ich die Augen nur ein ganz klein wenig zusammenkniff, kleine Elfen zwischen den Blüten umherschwirren sehen. Sie schienen sehr vergnügt und machten sich die Blüten nicht streitig. War eine schon besetzt, so flog Elf eben kurzerhand zum Nachbarstängel mit vielen anderen roten Blüten. Kein Grund sich zu streiten. Die Natur bot genug. Sie werden jetzt sicher denken: »Jetzt spinnt er aber.« Mag sein, aber ist es nicht schön, sich einmal der Phantasiewelt hinzugeben? In der Natur ist sehr viel zu entdecken, wenn der Wanderer sich einfach den Geräuschen, den heimlichen Lichtungen mit ihren leuchtenden Moosen und den Waldgerüchen hingibt. Ich selbst wurde auf den Wanderungen aufmerksam beobachtet. Von riesigen Libellen, Wildschweinen (die allerdings sehr schnell Reißaus nahmen) und Rehen. Besonders die kleinen Rehböckchen sind sehr neugierig, wenn sich der Mensch nicht gerade polternd und laut sprechend über die Pfade bewegt.

Kurz bevor sich auf dem anschließenden Feldweg die Wiesenlandschaft öffnete, sah ich zu meiner Linken, keine zehn Meter entfernt, tatsächlich einen

Rehbock mit den typischen kleinen Hörnchen. Er beobachtete mich interessiert. Leider traf mein Wanderstock mit der Metallspitze gerade in diesem Moment einen Stein auf dem Forstweg. Es gab ein lautes metallisches Kratzgeräusch, was den kleinen Rehbock sofort erschreckte und er verschwand mit zwei Sätzen im Dickicht der Feuchtwiesenpflanzen. Sehr schade! Ich ärgerte mich zwar ein wenig, war aber dennoch dankbar, für einen kurzen Moment Aug' in Aug' mit dem Wildtier gewesen zu sein. Das sind die Momente, die mir diese Art der Fortbewegung durch die Natur so einmalig erscheinen lassen. Hab ich das schon mal gesagt? Sicherlich, sehen Sie mir es bitte nach. Es ist einfach die Freude darüber den Tieren in Frieden zu begegnen. Übrigens haben Rehe und ich etwas gemeinsam. Wir (fr)essen nicht alles, was uns vor die Nase kommt. Rehe sind wahre Feinschmecker und haben eine Vorliebe für besonders feine Kräuter. Im Winter klappt das dann nicht mehr so und so knabbert Reh schon mal gerne im Jungwald herum. Klar, dass die Waldbauern nicht gut auf die Rehe zu sprechen sind. Frisch gesetzte Bäumchen werden daher gerne mit einem blauen oder grünen Plastikgitter in den Waldboden getopft.

Ich erreiche eine Wiesenlandschaft, eingerahmt von hohen Tannen. Wären das Zypressen, wäre ich durch die Toskana gewandert. Die Hügel sind sehr sanft.

Wenn ich als Riese mit meiner enormen Hand darüber streichelte, würden sich die Hügel sicher sehr weich wie dunkelgrünes Samt anfühlen. Ein roter Tupfer bewegt sich langsam durch den grünen Samt. Als ich näher kam, sah ich, dass es ein kleiner alter Traktor war. Im Schlepp hatte er ein Gerät in dem rechts und links große gelbe Gabeln rotierten. Sie wendeten in der Vorwärtsbewegung das frisch gemähte Gras, das nun zu leckerem Heu für das Vieh im Winter werden sollte. Dazu musste es natürlich erst einmal trocknen. In luftigen Reihen lag es über der kurzgemähten Fläche. Der Bauer auf dem Traktor hatte Ähnlichkeit mit dem schlauen »*Det*« von den Mainzelmännchen. Er trug eine Kappe, Brille und einen schneeweißen kurzen Bart. Freundlich winkte er mir zu und ich erwiderte seinen Gruß. Vergnügt schritt ich weiter über das Gras. Der Wanderweg war an dieser Stelle nur mit kleinen Pfählen markiert. So ist die Richtung immer klar, auch wenn der Weg nicht direkt am Boden erkennbar ist. Auf dem Untergrund machten sich meine Barfußschuhe bemerkbar. Ich wanderte auf weichem Gras, ein sehr ungewöhnliches und angenehmes Gefühl. Es wurde mir gerade auf diesem Wiesenwanderweg klar, wie weit wir uns in den Städten doch von der Natur entfernt haben. Mal eben irgendwo über eine Grünfläche laufen ist nicht drin: »*Betreten des Rasens verboten!*« Ich hatte den schlauen *Det* passiert und drehte mich noch einmal um. Er stieg gerade von seinem roten kleinen Traktor und nahm ein Stück Heu in die Hand, roch daran. Er schien zufrieden und stellte sich anschließend vor den Traktor, öffnete seine Hose und ein heller Strahl glitzerte in der Sonne. Möglicherweise ist das ja ein uraltes Ritual beim Heuwenden. Sonst wird das nix!

Am Ende des Wiesenhügels, kurz vor dem Forstweg in den Wald, hörte ich einen Schäfer laut schreien. Er rief seine Hunde nicht, er schrie sie lauthals fluchend an:

»Du faule Sau!«

Das schien sich nicht auf einen speziellen Hund zu beschränken, er hatte vier, die um die Herde herumliefen, sondern auf jeden Hund. Kein nettes Wort wie »Hast du gut gemacht!«, nein, es hüteten »Säue« seine Herde. Die Schafe waren sowieso in einem Pferch aus dunkelrotem Geflecht und konnten nicht raus und die Hunde liefen um den Pferch, sprangen in den Pferch und wussten vor lauter Schreierei nicht, was sie tun sollten. Ich kenne glücklicherweise andere Schäfer, die entspannt mit Pfiffen oder mal einem kurzen Ruf ihre Hunde dirigieren. Wobei die Schäferhunde sowieso ihren Job kennen. Büxt ein Schaf mal aus, weil es vielleicht irgendwo ein saftiges Gräslein entdeckt hat, wird es durch den bellenden Hund gleich zur Herde zurückgescheucht. Ein lautes Schreien des Schäfers war nicht nötig. Wie in jedem Beruf, so sind wohl auch die Schäfer nicht alle gleich. Man hat halt nur manchmal eine zu romantische Vorstellung von dem Beruf. Ich bog in den Wald ein und nach und nach wurden die Schäferschreie leiser, bis ich nur noch das Klopfen eines Spechtes hörte.

In Höhe von *Dattenfeld* hörte ich regelmäßig Schüsse. Es war nicht auszumachen aus welcher Richtung die Schüsse kamen. Ich dachte zunächst an einen Schießplatz der Bundeswehr in der Nähe. Wenig später kam mir eine Frau entgegen. Sie war offensichtlich keine Wanderin, das verriet ihre Kleidung und sie hatte einen bärenähnlichen Labrador dabei, der mich aufmerksam musterte. Ich begrüßte die beiden und fragte:

»Sagen Sie, gibt es hier in der Nähe einen Truppenübungsplatz? Ich höre dauernd Schüsse.« Hund und Frau sahen mich interessiert an.

»Nein, nein«, sagte sie, »hier wird natürlich gejagt.« Ich fühlte mich keinesfalls beruhigt.

»Da hätte ich mal lieber eine rote Mütze aufziehen sollen, damit ich nicht mit einem Hirsch oder Wildschwein verwechselt werde.«

Die Frau fand die Bemerkung nicht komisch, obwohl ich sie auch ein wenig ernst gemeint hatte, denn ich wanderte die meiste Zeit alleine durch den Wald.

»Sie haben doch da hinten etwas Rotes an ihrem Rucksack!«

Ich habe immer ein kleines rotes Handtuch dabei, das sich als sehr praktisch erwies, beim Abwischen des Schweißes oder wenn ich mal in einem kleine Flüsschen die Hände wusch, nach dem Genuss von saftigen Nektarinen. Dann trocknete ich die Hände anschließend ab, umfasste meinen Wanderstab und schon ging es weiter. Dieses kleine rote Handtuch trage ich in einem Seitenfach meines Rucksackes, wo es hervorlugt. Dies, so schien mir die Frau sagen zu wollen, würde mich fürderhin vor Schussverletzungen schützen. Ich bedankte mich und wünschte ihr und ihrem Hund, der übrigens kein rotes Handtuch trug (wenn das mal gut geht …), noch einen schönen Tag.

Ich setzte einen Fuß vor den anderen bergauf und war eigentlich ganz froh, dass ich mich auf den Wanderstab stützen konnte. Es ist diesmal ein Wanderstab aus stabilem Holz, sozusagen ein wenig retro. Im Gegensatz zu den Aluminiumstäben lässt der sich natürlich nicht zusammenschieben und ist daher nicht immer besonders praktisch. Aber bei schmalen Pfaden bergrunter oder bergrauf, fühle ich mich sicherer, wenn ich mich auf einen stabilen Holzstecken abstützen kann. Es steht übrigens in den meisten »Beipackzetteln« der leichten Aluminiumwanderstäbe, dass sie sich nicht zum Abstützen eignen. Aber wer liest schon intensiv Beipackzettel? Am Ende des Aufstieges wartete ein Wanderhäuschen in luftiger Höhe auf mich. Ein idealer Ort, um kurz Rast zu machen. Hätte ich jetzt eine leckere Stulle in meinem Brotdöschen, wäre das der ideale Ort, um es seiner Bestimmung zuzuführen. Das Häuschen war zwar überdacht, aber zu allen Seiten offen, so dass es den Blick auf die Sieg und Maisfelder freigab. Bei den Maisfeldern dachte ich an eine Begegnung mit einem Wildschwein, das ich ein paar Tagen zuvor hatte. Ich wanderte einen kleinen Feldweg entlang, der an einem Maisfeld grenzte. Nach etwa fünfzig Metern hörte ich links von mir die Blätter des Mais rascheln. Ich blieb stehen. Es hörte auf zu rascheln. Ich ging weiter und es raschelte wieder heftig neben mir. Ich reckte mich ein wenig, um über das Maisfeld zu sehen und bemerkte, wie sich die Blätter und Stängel des Mais bewegten. Eine wandernde Lücke im Maisteppich, die sich parallel zu mir und mit der gleichen Geschwindigkeit bewegte. Spontan kam mir die Idee, dass da vermutlich ein ausgebüxter Bernhardiner durch den Mais robbte. Völlig unvermittelt schoss mit einem Affenzahn der vermeintliche »Bernhardiner«, keine zehn Meter von mir entfernt, aus dem Maisfeld heraus. Er entpuppte sich als ein großes, wohlgenährtes Wildschwein. Offenbar hatte es mehr Angst vor mir, als ich vor ihm. Auf der rechten Seite des Feldweges, auf dem wir uns beide nun befanden, war eine Wiese und hundert Meter weiter ein kleiner Wald. Das Schwein galoppierte mit einem Affenzahn (um bei einem tierischen Vergleich zu bleiben) über die Wiese und verschwand im Unterholz des kleinen Wäldchens. Uns beiden ging der Puls und wir waren froh, dass diese Begegnung glimpflich ablief. Ich atmete tief durch und erholte mich nach dem ersten Schrecken. Dieses unvermittelte Zusammentreffen von Mensch und Schwein war für mich auch, sagen wir, Therapie. Seit dem habe ich zwar weiterhin Respekt vor den Wildschweinen, aber keine Angst mehr. Ich bin davon überzeugt, dass sie im Endeffekt wesentlich mehr Angst vor uns Menschen haben, als wir vor ihnen. Da hatte ich mal echt Schwein gehabt! Aber das war, wie gesagt ein paar Tage zuvor geschehen. Jetzt saß ich im Häuschen und genoss die Aussicht.

Ich stand auf, reckte mich, nahm den Rucksack auf den Rücken und verließ das Wanderhäuschen. Wahrscheinlich kennt jeder Wanderer solche kleinen Momente des Verschnaufens auf einem Wanderweg. Aber die Gefahr ist groß, nachher nicht mehr hochzukommen. Es sitzt sich ja so schön mit Aussicht und Vogelgezwitscher. Wenig später endete der

Waldweg auf einer asphaltierten Straße und ich prallte fast gegen eine weiße Wand. Ein Wohnmobil stand quer zum Weg und aus dem Fenster fragte mich der Fahrer, wo hier denn ein Campingplatz mit Stellplatz für Wohnmobile sei.

»Weiter unten ist ein Campingplatz«, antwortete ich auf seine Frage, »ich weiß allerdings nicht, ob der auch (fast hätte ich gesagt überdimensionierte Bungalows auf Rädern) ... für Wohnmobile ist.«

Ich gab ihm noch den Hinweis auf ein großes Restaurant gleich daneben und da könne er sicher fragen. Die Stelle, an der wir uns befanden, hatte ich gleich erkannt, weil ich auch, wenn ich nicht grad wandere, ein Reisemotorrad fahre. Dieses Restaurant mit Campingplatz ist bei Bikern aus der Umgebung einer der beliebtesten Ausflugsorte: »*Biker's Rast*« in Dattenfeld.

Motorradfahren hatte für mich in der Vergangenheit eine ganz besondere Bedeutung - bevor ich das Wandern entdeckte. Und ich meine hier nicht das schnelle Rasen mit aufheulendem Motor. Das war nie meins. Ich war eher geprägt durch die Hippiezeit und den Film »Easy Rider«. Und dabei hat mich zudem etwas anderes fasziniert. Es war möglich, die Naturgesetze zu spüren. Setzen Sie sich beispielsweise einfach auf ein Zweirad, egal ob mit einem Motor in der Mitte oder nicht. Wenn Sie keiner dabei festhält, fallen Sie unweigerlich um. Wenn ich aber in Bewegung bin, in die Pedale trete oder Gas gebe, gewinne ich an Stabilität. Ich kann mich sogar völlig schräg in eine Kurve legen. Habe ich die entsprechende Geschwindigkeit zu der Schräglage, heben sich die Kräfte gegenseitig auf. Ich bin kräftemäßig betrachtet, neutral oder in der Mitte. Mit dem Motorrad reise ich quer durch Europa, war der Sonne und dem Regen ausgesetzt und habe auf diese Weise die Natur gespürt. Aber ich war in Bewegung und hielt so mein Gleichgewicht. Ich bin zwar beim Wandern lediglich mit rund 4 km/h unterwegs (oft auch weniger, dass ist aber den Bergen geschuldet), aber ich bewege mich ebenfalls durchaus in eine Richtung und finde beim aufmerksamen Wandern im Wald zu meiner Mitte. Die Sorgen bedeuten nichts mehr, wenn ich über Stunden nur den Vögeln lausche, den Wald rieche und den Weg unter meinen Füßen spüre.

Nun war ich also zu *Biker's Rast* gewandert und nicht gefahren. Bei diesem schönen Wetter waren alle Tische des Restaurants, das übrigens der Ponderosa aus der gleichnamigen Fernsehserie sehr ähnlich sieht, besetzt. Currywurst mit Pommes scheint mir die bevorzugte Hauptmahlzeit zu sein. Die meisten Motorradfahrer schwitzten auf den Stühlen in ihrer Schutzmontur mit den Protektoren an Armen und Beinen. Ein paar Verwegene bevorzugten Hosenträger, damit die schwere Hose bei der Fahrt besser sitzt. Oder vielleicht, damit sie beim Absteigen vom Motorrad nicht in die Kniekehle rutscht? Fröhlich schritt ich am Restaurant vorbei. Auch ich hatte Funktionskleidung an, aber die von der äußerst leichten Sorte. Hinter dem Restaurant wies mir das Zeichen des Natursteigs den Weg am Campingplatz vorbei. Durch den Zaun war gut zu erkennen, dass viele Plätze verlassen waren. Einige Camper hatten wohl versucht einen Boden oder ähnliches auf dem Stellplatz zu zementieren. Die zerbröselten Steinbrocken lagen verstreut auf der leeren Wiese.

Der Weg endet an dieser Stelle an einem großen Aluminiumkreuz, das am 17. Oktober 1970 errichtet worden war. Vorher gab es bereits an der gleichen Stelle ein Holzkreuz von 1932, das von einem »Jünglingsverein« errichtet worden war. Diese Vereine waren evangelisch geprägt und aus ihnen ging später der »CVJM«, der Christliche Verein Junger Menschen, hervor. Wie er heute heißt. In der Gründungszeit war er noch der »Christliche Verein junger Männer.« Aber man wollte später gerne auch Frauen dabei haben.

Von diesem Kreuz aus ging es wieder in kleinen Serpentinen hinunter an die Sieg und zu einem der gefährlichsten Abschnitte des Natursteiges. Darauf wird man gleich in Augenhöhe durch ein grünumrandetes Schild der Forstverwaltung hingewiesen. Der teilweise äußerst schmale Weg schlängelt sich hinauf, links fällt die Böschung steil ab. Ich blieb einmal kurz stehen und überlegte, ob ich bei einem Fehltritt überleben würde. Sicher würde ich starke Verletzungen und Brüche davontragen und letztendlich noch in der Sieg landen. Keine gute Aussicht. Aber der Weg oder besser gesagt *Pfad* ist sicherlich einer der schönsten auf dem Natursteig. Es ist kein Gelatsche auf befestigten Forstwegen, sondern auf einem schmalen, fast verwunschenen Pfad die Sieg entlang. Mehrmals überquerte ich eine kleine Brücke, die über eine Klamm führte. Es gibt keine beeindruckende Felsüberhänge wie in Österreich oder Bayern, aber immerhin einen kleinen Fluß (oder Rinnsal), das überquert werden muss. Sagen wir eine »*Rhein-Sieg-Bonsai-Klamm*.« Die Brücken sind neu gezimmert und haben ein Geländer aus einem dicken Stahlseil. Als ich das erste Mal diesen Weg entlang ging, waren die kleinen Brücken alles andere als vertrauensvoll und wackelten. Aber nun war es der pure Luxus. Auch der schönste Weg findet einmal sein Ende und wurde zu einem sehr steilen und vor allem langen Forstweg bergauf. Ich freute mich etwas später über einen schönen Waldweg, der leicht abwärts ging. Im Hinterkopf hörte ich natürlich einen kleinen Zwerg.

»Freu dich nicht zu früh, Wanderer, wo es hinab geht, geht es auch wieder hinauf.«

Wie wahr.

Irgendwann wurden meine Beine schwerer, die Luft hatte es schwer die Lungen zu füllen, und vor mir lief fröhlich ein kleines Mädchen mit seinem Papa. Ich dache an eine leichte Halluzination, die, so hörte ich, schon mal einsetzt, wenn die Sauerstoffzufuhr nicht mehr so ist, wie sie sein sollte. Das kleine Mädchen, selbstverständlich hatte es blonde lange Haare und einen pinkfarbenen Rucksack, hüpfte vor mir her und sang.

»La, la, la, la laaaa...«

Papa und Mädchen wurden langsamer. Meine Chance war gekommen und ich setzte zum Überholmanöver an. Der Vater holte aus seinem Rucksack einen Schablone, einen Pinsel und ein Töpfchen Farbe hervor. Die beiden standen vor einem Zementklotz, der völlig unmotiviert im Wald stand und der Vater tupfte mit dem Pinsel zunächst ein blaues Feld und anschließend ein weißes »S« hinein. Das Zeichen für den Natursteig Sieg. Die Tochter war sichtlich stolz auf ihren Papa, der den Wanderern ja die Richtung zeigte, sonst würde man sich schließlich elendig im Wald verirren. Ihr war anzusehen wie wichtig die Tupfarbeit an diesem Tag für beide war. Ich grüßte freundlich und bedankte mich. Das Mädchen sah dagegen sehr ernst auf das Wanderwegzeichen. Schließlich musste das »S« korrekt sitzen. Tat es!

Hinter dem Betonklotz gab es noch ein weiteres Zeichen mit einem Pfeil und der zeigte abermals wieder hinauf. Wo war der Zwerg? Irgendwann erreichte ich den höchsten Punkt der Etappe: *Eichstumpf* mit 262 Metern. Ich verzichtete darauf, mir den Etappen-Stempel an der Bank abzurubbeln. Dazu hätte ich bei der Information des Rhein-Sieg-Steiges ein Stempelheft besorgen müssen. Für mich war es an dem Tag einfach der ganz persönliche Mount Everest. Jetzt hieß es raus aus dem Wald und in eine kleine Ortschaft mit dem »Gasthof zum Zillertal«, der offenbar niemals das Zillertal gesehen hatte, noch in den letzten Jahren Gäste. Es fehlte jetzt nur noch der Wind und klappernden Saloon-Türen. Ich lasse den Gespenster-Gasthof hinter mir und habe die »*Ehemalige Siegschleife bei Dreisel*« vor mir. Wie unschwer zu erkennen ist, hat sich die Sieg einmal überlegt, wohin sie fließen soll. Immer das selbe Flussbett zu nutzen, scheint ihr nicht gepasst zu haben.

In diesem Naturschutzgebiet gibt es etwas Merkwürdiges: den *Ameisenbläuling*. Nun könnte der geneigte Leser vermuten, das sich dahinter eine leicht besoffene Ameise verbirgt. Mitnichten! Es ist ein Schmetterling und mit vollem Namen heißt er »*Heller Wiesenknopf-Ameisenbläuling*« und ist im Prinzip gar nicht nett. Der Wiesenknopf an sich ist eine Nektarpflanze und der Falter legt seine Eier an die

Stellen, an denen die Pflanze noch nicht blüht. Die Raupen des Falters fressen erst einmal die Blüten und lassen sich in Ameisennester tragen und fressen anschließend schlicht und ergreifend die Ameisenbrut. Dann verpuppen sie sich und tun so als sei nichts gewesen, wenn sie als heller Schmetterling über die Wiesen flattern. Vielleicht gibt es sie aber nicht mehr lange, denn dieser Schmetterling steht ganz oben auf der Liste für die stark bedrohten Arten und das in ganz Europa.

Ein paar Kilometer weiter erreichte ich wieder die Sieg, die sich für eine eine Biegung entschied. Hätte ich meine Badehose an und die Temperaturen geringfügig etwas höher, würde ich sicherlich mal kurz ins Wasser springen. Eine gepflegte Wiese an der Biegung lädt geradezu dazu ein, sich bei einem lauen Lüftchen trocken föhnen zu lassen. Aber es ist mir zu frisch und außerdem weiß ich nicht, ob ich nach einer Abkühlung wieder in meine Schuhe komme. Füße neigen dazu, sich bei einer Wanderung zu dehnen. Entlässt man sie dann aus ihrer natürlichen Umrandung, allgemein als Schuh bezeichnet, machen sie sich ordentlich Platz, und weigern sich förmlich wieder in die Schuhe zu steigen. Das wollte ich auf keinen Fall riskieren. Ein kleines Stückchen weiter überquerte eine Brücke die Sieg und ganz am Ende des Brücken-Geländers, auf der rechten

Seite, klebte ein blauer Hinweis auf den Natursteig und zeigte abrupt nach rechts. Ich warf einen kurzen Blick hinter das Geländer und dachte doch noch einmal kurz über die Badewiese nach. Es ging steil aufwärts und wenn ich steil sage, meine ich auch steil. Hier und da lugten Felsbrocken aus der Erde und gegen Ende waren wieder Stahlseile zwischen den Bäumen gespannt. Bangemachen gilt nicht! Ein paar Meter vor mir sah ich eine schwangere junge Frau den Hügel erklimmen. Schön langsam, aber immerhin. Ich vermutete mal, dass sie für ihr noch ungeborenes Baby eine Karriere als neuer Reinhold Messner vorsah. Da kann man ja mit dem Training nicht früh genug anfangen. Plötzlich blieb sie erschrocken stehen. Von oben rauschten Mountain-Biker diesen, mit Felsen gespickten, Hügel herunter. Die junge Frau und ihr Ungeborenes hatten Glück. Die Räder schossen knapp an ihr vorbei und es war gut zu erkennen, dass die Fahrer ihre Räder nicht wirklich kontrollieren konnten. Sie sprangen oder rutschten über die Steine und hatten selbst zudem noch Glück, dass sie sich nicht in den gespannten Stahlseilen verfingen. Ich fragte mich in diesem Augenblick: »Warum!? Muss ich in diesem Affentempo einen solchen holprigen Hügel hinunter brettern und meine Mitmenschen gefährden?« Mit Natur geniessen und Achtsamkeit im Wald hat das gar nichts zutun. Aber das sagte ich bereist an der einen oder anderen Stelle schon.

Als ich oben ankam empfing mich wieder eine kleine Hütte zum Verschnaufen. Dabei dachte ich noch länger über diese Begegnung mit den Mountainbikern nach, die zwar glauben, dass sie sich in der Natur bewegen, aber sich in Wirklichkeit tatsächlich von ihr wegbewegen.

Die Etappe nahm langsam ihr Ende. Ich begegnete noch einem riesigen Holz-LKW, der Baumstämme auflud. Baumstämme von Fichten, frisch geschält und jetzt ohne Borkenkäfer, die die Fichten zum Sterben gebracht hatten. Was wäre, wenn man die toten Fichten stehen ließ? Hätte die Natur nicht die Kraft gehabt, dagegen anzugehen, ohne dass der Mensch eingreift? In den kanadischen Naturschutzgebieten hatte ich das gesehen. Wir flogen damals mit einem kleinen Flugzeug über die großen Wälder von British Colombia. Sehr dicht über die Baumkronen. Es war atemberaubend, die Weite, der Stolz der großen Bäume. Dazwischen gab es immer wieder weiße Stämme ohne Äste, soweit ich das aus dem Flugzeug erkennen konnte. Der Ranger, mit dem ich unterwegs war, erklärte mir, dass das abgestorbene Bäume seien und man ließe sie stehen. Sie wurden nicht aus den Wäldern herausgeholt. Warum auch?

Bäume speichern CO_2 und tragen somit ganz natürlich stark zum Klimaschutz bei. Das ist sicher ein alter Hut. Wenn ich also Holz verbrenne, entsteht nur soviel CO_2 wie der Baum vorher gebunden hat. Das aber sei unterm Strich falsch, betonte der Biologe Michael Blaschke in einem WDR-Interview, denn der Baum werde gefällt, gerückt und transportiert. Dadurch käme noch mal ordentlich CO_2 drauf und das müsse man schließlich mitbedenken. Genauso sei der Kahlschlag schlecht, denn der Boden speichere ebenfalls enorm viel CO_2 und wenn kein Baum mehr auf dem Boden steht, wird dieses CO_2 freigesetzt. Blaschkes Tipp: Keinen Kahlschlag! Die Bäume einzeln herausnehmen und das Holz zunächst einmal hochwertig verarbeiten, beispielsweise im Hausbau, beim Parkettboden und Fenstern. Und erst ganz zum Schluß verbrennen.

So ganz in Gedanken über Wald und Bäume vertieft, erreichte ich die Randzone von *Altwindeck*. Ein wenig hatte ich das Gefühl über den Rasen der Menschen zu laufen, die dort wohnen. Die Richtung des Weges war zwar klar auszumachen, aber der Wanderer läuft über die gepflegten Rasen. Nachdem ich Altwindeck erreichte, folgte ich dem gelben Zuweg des Natursteigs, als mir ein Radfahrprofi mit Brille, Helm und gepolsterter Hose entgegenradelte. Er hielt vor mir an, weil ich natürlich mit meinem Rucksack, ohne Brille und gepolsterter Hose, als Wanderer auszumachen war.

»Wo wollen Sie denn hin?«, fragte er.

»Zum Bahnhof in Schladern«, antwortete ich.

»Das schaffen Sie noch, der Zug kommt um 27.«
Interessant dachte ich, woher er weiß, wohin ich will. Ich schüttelte den Kopf.

»Aha, Sie wollen nicht?«, reagierte er erstaunt, »Sie sind sicher auf dem Natursteig? Den bin ich schon zweimal gelaufen ...«

Geht das schon wieder los. Freundlich ignorierend setzte ich meinen Weg fort und ließ den Radler stehen, der sich sofort auf seine Hosenpolster schwang und in die Pedale trat. Ich merkte mir noch die Stelle an der ich auf den Zuweg abgebogen war, denn hier würde ich nach einer Stärkung im restaurierten *Bahnhof Schladern* (Bratkartoffeln mit Quark für 4,25 € oder eine deftige Wandererstulle für 2,75 € - da kann man echt nicht meckern) wieder den Weg fortsetzte.

Der ermordete Graf und Walthers Rachegelüste

VON SCHLADERN NACH AU

Bevor ich mich wieder mit vollem Magen auf den Weg machte, schaute ich mir neben dem Schladener Bahnhof noch die *Siegfälle* und das Infozentrum des Natursteiges an. Nun ja, es sind nicht gerade die Niagarafälle. Ich weiß nicht, ob man bei diesem sanften Gegurgel um die Steine herum überhaupt von einem Gefälle sprechen kann. Ein wenig Gefälle muss aber wohl da sein, sonst könnte die Sieg plötzlich die Richtung wechseln und komplett entgegengesetzt fließen. Das macht sie nicht. Es gibt einen kleinen Ausguck-Pavillon, der selbstverständlich wie immer, wenn etwas öffentlich in der Gegend herumsteht, mit Farben besprüht worden ist, komplettiert mit den üblichen Herzchen. Früher waren die Herzen mal mit einem Pfeil durchbohrt, aber das scheint aus der Mode gekommen zu sein. Statt dessen steht darüber »*Julia und Kevin*« und dazu noch der Begleitsatz: »*Isch lieb disch!*«

Auf dem Wasser dümpelten einige Graugänse, die schienen so schwer zu sein, dass sie alleine mit ihrem puren Körpergewicht das Wasser über die Steine drückten. Wie ich feststellen konnte, schauten sie sehr interessiert dem glucksenden Wasser hinterher. Beim Bau einer Eisenbahnverbindung, 1857, wurde an dieser Stelle der Sieg einfach mal eine Schleife abgeschnitten und so entstanden Wasserfälle durch übriggebliebene, herumliegende Steine. Die Wasserfälle haben eine Breite von 84 Metern. Auch hier kein Vergleich zu den Niagarafällen. Allein der kanadische Anteil, der Hufeisenfall, hat eine Breite von 790 Metern. Wäre das bei der Sieg an der Stelle auch so, wäre das Touristenzentrum zu einem Unterwasseraquarium geworden. Es ist eine Glaskonstruktion neben dem ehemaligen »Kupferwerk Elmore`s«, deren Gebäude jetzt für Kürbissüppchen, Kölsch und Jazz genutzt werden. Ich betrat das Tourismuszentrum und stellte mich an die Informationstheke. Eine Dame in beigem Pullover und blauer Jeans sah mich erwartungsvoll an. Ich fragte:

»Gibt es eigentlich eine Kooperation mit der Bahn und dem Natursteig Sieg, ein Wanderwegticket oder ähnliches?«

Die Dame schien in eine Art Schockstarre gefallen zu sein. Es war deutlich zu sehen, wie meine Frage langsam durch den Gehörgang kroch. Sie rang sich zu einer Antwort durch.

»Nein - aber es gibt überall Bahnhöfe.«

Nun gut. Ich verabschiedete mich und konnte gerade noch sehen, wie die Dame hinter der Theke ihr Handy hervorkramte und schnell mit beiden Daumen tippte. Es wird sicherlich nicht meine Frage gewesen sein. Vor der Tourismusinformation klebte ein Zettel an einer Säule:

»Das Waldbaden am Mausoleum entfällt wegen schlechtem Wetter.«

Welches Mausoleum? Gemeint war, wie ich später nachlas, das Mausoleum der Familie des Rittmeisters Rive in *Schöneck*.

Ich ging zurück an der Bahnlinie der S 12 entlang. Der Zuweg vom Bahnhof in Schladern zu der Stelle, wo der Naturstieg wieder kreuzt, folgte direkt der Schienentrasse. Der Weg war nur getrennt, durch massive Stahlpfähle, die aus alten Eisenbahnschienen herausgeschnitten waren und Stahltrossen, die quer dazu durchgefädelt worden waren. Ich genoss noch ein Milchweckchen, das ich mir in der Bäckerei des Bahnhofs besorgt hatte. Plötzlich wurde mir die Weckchentüte fast aus der Hand gerissen und ich hatte eine Frisur wie Hermes der Götterbote - aber schick nach vorne. Ein Güterzug rauschte mit hoher Geschwindigkeit an mir vorbei. Die graue Elektrolok mit der Aufschrift »Rheincargo« zog Waggons mit Tanks hinter sich her. Der Luftzug, der nicht enden wollenden Kette der schweren Tanks, blies mich fast weg. Ich war froh als dieser Koloss an mir vorbei war. Vögel waren wieder zu hören, die sich offenbar an den Ästen krampfhaft festgehalten und Luft angehalten hatten.

Das *Museumsdorf Altwindeck* lang vor mir und ich marschierte hindurch. Wenn keine Veranstaltungen sind, ist es ein einfaches normales Dorf mit kleinen Fachwerkhäusern. Nur ab und zu und möglichst bei schönem Wetter, knallen die Handwerker aus den Häusern. Plötzlich wird alles in alter Handwerkstechnik hergestellt, Wolle gesponnen, Holz geschnitzt und Eisen geschmiedet. So wie zu Weihnachten auf den mittelalterlichen Märkten. Der Weg durch das kleine Dorf bog nach links in einen sehr schmalen Pfad zwischen den Bäumen und hinter den kleinen Fachwerkhäusern mit der einen oder anderen roten Tür. Auf einmal war die Ruhe dahin. Gekreische, Schreie und Lärm hallten aus dem Wald förmlich den Pfad herunter. Zu sehen war im ersten Augenblick noch nichts. Dann rannten die ersten Kinder über den Bergpfad. Sie sausten und stolperten an mir vorbei, ich stellte mich etwas zu Seite, damit es auf beiden Seiten keine Verletzten gab. In der Nachhut kamen zwei Lehrerinnen an mir vorbei und bedankten sich, dass ich ein wenig Rücksicht auf die Kinder nahm. Es war der letzte Tag vor den Herbstferien, erläutere mir eine der beiden Lehrerinnen.

»Und bevor sie die nächsten zwei Wochen vor der *Playsi* auf der Coach sitzen, schickten wir sie noch mal durch den Wald.«

Kurz überlegte ich, was denn wohl »*Playsi*« bedeuten möge. Den Abkürzfimmel mit Niedlichkeitsfaktor kommt in der neuen deutschen Sprache gerne vor. Es war wohl die »Playstation« gemeint - auf niedlich. So legte ich nun einen Schritt bei meiner »Wandi« zu, um kurz darauf auf altes Gemäuer zu stoßen.

Die aufgestapelten Steine gehörten zur Ruine der *Burg Windeck*, die erstmals 1174 erwähnt wurde. Allerdings sind sich Archäologen darüber einig, dass sie wohl noch älter ist. Sie war immer mal wieder eine Ruine und wurde dann neu aufgebaut, bis die Amerikaner sie schließlich Ostern 1945 wieder zerstörten. Als ich zum ersten Mal an der Stelle war, wo der Natursteig auf die Ruine trifft, habe ich mich prompt verlaufen. Es war noch nicht ausgeschildert, dass der Wanderer um die Ruine herumlaufen sollte, um schließlich in das Innere zu dringen. Ich marschierte damals nach rechts von der Ruine weg und fand mich nach 100 Metern mitten im Wald an einer Stelle, wo der Pfad aufhörte. Jetzt hat man die Zeichen vor der Burgruine völlig klar angebracht und ich konnte ohne Umweg dem Rundgang folgen, der mich schließlich in die Ruine führte. Ich kletterte leicht geduckt durch die Mauer und folgte dem Weg auf der anderen Seite wieder herunter. Es ist schon eine sehr beeindruckende Ruine, die heute von der Gemeinde Windeck in Stand gehalten wird. Also braucht der Wanderer nicht zu befürchten, dass ihm ein Stein aus dem 12. Jahrhundert auf den Kopf fällt. Ähnlich wie bei den Galliern, die nur Angst davor hatten, dass ihnen er Himmel auf den Kopf fällt. Am Ende des Weges um die Burg, erwartete mich ein Dixi-Klo. Auch nicht schlecht, wenn man es gerade nötig hat.

Zwei Tage zuvor hatte es geregnet und so war der weitere Weg ziemlich matschig, bis zu der Stelle, wo er in einen Tannenwald abbog. Der Untergrund wurde sehr weich, was ich durch meine Barfußwanderschuhe jetzt besonders gut zu spürte. Es roch angenehm nach Tannenduft. Hätte ich die Augen geschlossen, wäre für mich Weihnachten gewesen. An der Stelle trug der Wanderweg noch einen anderen Namen: »*Graf Engelbert Weg*«. Der Sauerländische Gebirgsverein hat den Weg 1935 so benannt und als Wegmarke das »X« eingeführt. Der Name hat aber etwas mit einem Krimi zutun. Der Graf Engelbert ist eigentlich der »Erzbischof Engelbert der I. von Köln« und der wiederum kam offensichtlich bei seinem Neffen Friedrich von Isenberg nicht gut an, denn der ermordete ihn im Jahr 1225. Walther von der Vogelweide, der wohl bekannteste Lyriker des Mittelalters, dichtete nach der Ermordung gleich los. Unser aller Walther sang:

»*swes leben ich lobe, des tot den wil ich iemer klagen*
so wê im der den werden fûrsten habe erslagen von Kôlne
owe des duz in diu erde mac getragen!
i ne kan im nach siner schulde keine marter vinden:
im wære alze senfte ein eichîn wit umb sînen kragen.
in wil sin ouch niht brennen noch zerliden noch schinden
noch mit dem rade zerbrechen noch ouch dar uf binden:
ich warte allez ob diu helle in lebende welle slinden.«
Wes' Leben ich lobe, dessen Tod will ich immer beklagen
So wehe ihm, der den edlen Fürsten von Köln erschlagen hat!
Wehe darüber, dass die Erde ihn noch tragen mag!«

Das war das Original. Zur Sicherheit hier noch die Übersetzung, sozusagen von Deutsch in Deutsch:

»*Ich kann, gemessen an seiner Schuld, keine passende Marter finden:*
Für ihn wäre allzu sanft eine Schlinge aus Eichenseil anzulegen um seinen Hals.
Ihn auch nicht verbrennen, weder an Gliedern zerstückeln noch ihm die Haut abziehen,

weder mit dem Rade zerbrechen noch ihn darauf binden:
Ich warte bloß darauf, ob die Hölle ihn nicht bei lebendigem Leibe verschlingen will.«

Ganz schön heftig der Walther! Gut, dass wir heute ein wenig andere Wünsche dichten. So insgesamt vielleicht auch ein wenig netter.

Bis auf die kleine Kinder-Schar, der künftig Bewegungsunwilligen, die mir auf dem Weg entgegenkamen, begegnete ich an dem Tag bisher nur einem Jogger. Er war für einen Pinocchio etwas groß geraten, bewegte sich aber exakt so. Seine Arme schlenkerten nach links und rechts. Ich befürchtete zudem, dass seine Hände sich von den Unterarmen lösen könnten, denn sie schlenkerten ebenfalls extrem. Der Jogger war sehr lang und schmal und die Funktionshose zu kurz und an manchen Stellen zu eng. Sie gaben die Waden frei, die allerdings kaum vorhanden waren. Er trug zudem einen Minirucksack indem es schepperte. Es klang wie bei einer Spraydose, die zuerst klappernd geschüttelt werden will, bevor der feine dünne Farbnebel aus der Sprayöffnung entweicht. Aber was Bitteschön hatte dieser Jogger im Rucksack? Klapperndes Gelenkschmieröl? Oder war der Haustürschlüssel versehentlich in die Wasserflasche gefallen? Ich hätte fragen sollen. Derweil wand sich der Weg weiter an knallroten Fliegenpilzen vorbei über einen kleinen Bach und endete in einem Kreisverkehr. Ein Straßenschild wies daraufhin, dass es lediglich einen Kilometer bis nach Schladern war. Da scheinen ja die Organisatoren des Natursteigs, ordentlich Schleifen durch den Wald gelegt zu haben. Wie anders war das zu erklären, dass ich schon mehr als zwei Stunden unterwegs war? Es ging tatsächlich über den Kreisverkehr. Auf der anderen Seite befand sich der Eingang, wie ein magisches Tor zu einer grünen Fabelwelt. Natürlich wieder bergauf. Das grüne Tor schloss sich hinter mir und der Kreisverkehr war nicht mehr zu sehen. Nur die Motorengeräusche hallten unwirklich hinauf und wurden Schritt für Schritt leiser. Gedankenverloren wanderte ich durch den Wald und freute mich immer noch, dass ich es einmal mit den Barfußschuhen probiert hatte. Es traten bis jetzt keine Probleme auf. Auch dieser Abschnitt des Weges endete an einer Straße, genau dort, wo ein Haus mit einem Hundezwinger stand. Die Hunde in ihren vergitterten Kästen mit Zementfußböden, bellten sich fast heiser. Ich blieb kurz stehen, um mir den traurigen Anblick genauer anzusehen. Die Tür des Hauses schlug auf und eine Frau mittleren Alters mit einer rauchenden Zigarette stand wie ein Zerberus, der in der griechischen Mythologie den Zugang zur Unterwelt bewachte, in der Tür. In dem Fall war die Unterwelt das Zwingerareal.

»He! Was machen Sie da?«

Ich antwortetet, dass ich mir nur einmal kurz die Hunde ansah.

»Machen Sie, dass Sie weiterkommen. Bleiben Sie nicht stehen oder wollen Sie, dass ich die Hunde rauslasse?«

Kurz dachte ich darüber nach, ob ich das den Hunden gönnen sollte. Aber ich war auf der Wanderung durch die Natur viel zu milde gestimmt und wollte mich nicht auf das Keifen der Türsteherin einlassen. Ohne eine Antwort ging ich auf die Straße, dort, wo der Wanderweg zu enden schien. Das Kläffen der Hunde hörte auf und der Zerberus knallte die Tür zu. An der gegenüberliegenden Seite, musste ich über eine kleine Brücke. Dahinter befanden sich Teiche, um die sich an diesem Tag einige Männer scharten, die grüne Hosen und ebenfalls grüne Westen trugen. Zur weiteren Ausrüstung der Anglerfreunde gehörte eine Flasche Bier, wahlweise in der linken oder rechten Hand. Gleich am Eingangstörchen zu den Teichen stand eine Kiste Bier, auf die ein, ich vermutete mal, Fisch- oder Anglerwart, ein Auge hielt. Frei nach dem Motto: »Jeder nur eine Flasche!« Sie nahmen auf alten Plastikstühlen Platz, hielten ihre Bierbäuche in die Luft und die Angel ins Wasser. Ich verließ das traute Anglerglück und verschwand im Wald.

In *Langenberg* wartete eine kleine Hütte auf mich. Zwei blaue, von der Sonne gegilbte Plastikstühle standen davor. Die Hütte hatte eine kleine Holzterrasse, mit Dielen, die offenbar schon lange der Witterung ausgesetzt waren. Einige Dielenränder gaben bereits nach, waren zerbröckelt. Durch die Spalten war der braune Untergrund erkennbar. Ich kannte diese Hütte bereits von der ersten Wanderung auf dieser Etappe. Schon damals war ich hocherfreut sie zu sehen, und auch jetzt nahm ich vorsichtig auf einem der Plastikstühle vor der Hütte Platz und stellte meinen Rucksack auf den zweiten Stuhl. Vor mir breitete sich eine kleine Wiese aus. Ein Eichelhäher übte den Tiefflug an einem kleinen Baum, der langsam die Blätter gelb werden ließ. Ein riesiger Wiesenchampion leuchtete an der anderen Seite der Wiese, mit einem enormen weißen Schirm. Wäre ich ein Zwerg, hätte ich den nächsten Regenguss darunter locker trocken überstehen können. Die Sonne brach durch die Wolkendecke und schien genau auf die kleine Hütte, vor der ich saß. Das sind kleine Glücksmomente. Sie bergen allerdings die Gefahr, dass man es zu schön findet und vergisst, dass noch ein ganz schönes Stück Weg vor einem liegt. Das Aufstehen aus den bequemen Stühlen fiel schwer und ich musste meine ganze Willenskraft aufbringen. Ein paar Meter weiter veralberten mich Laufenten mit wildem Geschnatter in einem Garten. Ich veralberte sie auch und intonierte ebenfalls ein wildes Quaken.

Nach den Waldwegen stand ich wenig später wieder auf einer geteerten Straße. Alles andere als ein Vergnügen mit Barfußschuhen. Der Landgasthof »Zur Bachmühle« lag direkt vor mir. Alle Türen waren geschlossen, es brannte kein Licht. An der Außenwand, dort wo die Lüftung der Küche war, triefte vermutlich altes Fett die Fassade herunter, so, als würde es aus den Lüftungslamellen dunkelgelb bluten. Ich war ganz froh, dass der Landgasthof nicht geöffnet hatte. Gegenüber, jenseits der Straße, konnte ich das vertraute Zeichen für den Natursteig sehen. Ein schmaler Pfad wand sich in Serpentinen steil nach oben. Der Gasthof entfernte sich weiter und wurde aus der Vogelperspektive immer kleiner. Wenig später wartete ein großes Gebäude auf mich: »Jugendstil mitten im Wald«. Es war die ehemalige Lungenheilstätte der Stadt Köln, obwohl wir an dieser Stelle in *Rosbach* sind und nicht in der rheinischen Metropole. Benannt war die Klinik nach der Ehefrau Kaiser Wilhelm II. in »*Auguste Victoria Stift*«. Sie wurde am 13. September 1902 eröffnet und war einer der ersten Lungenheilstätten in Deutschland. Erst im Jahre 2002 verließen die letzten Patienten das Krankenhaus. Das Gebäude wurde zwar unter Denkmalschutz gestellt, aber es ist nicht so richtig klar, wie es mit dem Jugendstilbau weitergehen soll. Es ist ein fantastischer und ein wenig gespenstischer Anblick auf dem Natursteig.

»Nur gut, dass die Sonne noch nicht untergegangen ist«, murmelte ich.

Auf geht's zu dem höchsten Punkt der Etappe: dem »*Alten Stuhl*«, der eher eine alte Bank ist, die auf 286 Meter über dem Meeresspiegel thront. Von Meer ist natürlich nichts zu sehen, dafür wurde ich mit einer wirklich fantastischen Aussicht auf die Sieg belohnt. Wie eine Spielzeugeisenbahn fuhr eine rote Bahn über eine schon in die Jahre gekommene Eisenbahnbrücke. Ich wußte zwar wie gefährlich das sein konnte, trotzdem setze ich mich wieder einen Augenblick, um die Aussicht wirklich in mein Herz aufzunehmen. Gefährlich war das nur, weil ich nach dem Setzen … na, Sie wissen schon. Eigentlich wäre es sehr schön, den Sonnenuntergang im Siegtal auf dieser Bank zu erleben. Aber was dann? Im Dunkeln wollte ich den *Bahnhof Au* nicht erreichen. Also kippte ich auf der Bank langsam meinen Oberkörper nach vorne und bevor ich fiel, streckte ich meine Beine und schon stand ich wieder. Ging doch! Der Weg wand sich weiter über den Höhengrad und der Wind blies mir in die Ohren. Mein Wanderstock (ich hatte mich diesmal wieder für den Stock aus Aluminium entschieden, weil ich den zusammenschieben konnte), pfiff. Das war mir aber nicht sofort klar. Ich hörte eine seltsame helle Melodie und wußte nicht, wo sie herkam. Ich blieb stehen und lauschte. Die Melodie wurde weiter gepfiffen. Irgendwann fiel mir auf, dass es die Löcher in meinem Aluminiumwanderstab waren. Es waren die Löcher, die für die Höheneinstellung des Stabes zuständig waren. In ihnen konnte eine kleine Kugel arretiert werden. Nun war mein Wanderstab durch diese Löcher eine Querflöte. Als der Wind nachließ, verschwand auch die Melodie. Das erinnerte mich an die Bambus-Windpfeifen im holländischen Ort Vlissingen. Sie stehen am Meer und haben ebenfalls Löcher, genauso wie mein Wanderstab. Die Wind, der vom Meer her ständig weht, lässt ein dumpfes Lied säuseln. Die Melodie der Natur: Nicht laut, fast still und doch zu hören, wenn der Mensch sich darauf einlässt. Auch auf dem Natursteig Sieg findet der Wanderer an Wegpunkten, wie beispielsweise bei der Stadt Blankenberg, die Windorgeln. Dort werden straff gespannte Stahlseile durch den Wind in Schwingungen versetzt und ergeben eine ähnliche dumpfe Melodie wie die Bambusrohre in der holländischen Stadt Vlissingen.

Die Sendemasten unweit vom *Alten Stuhl* sind dagegen für den Wanderer stumm. Kurz dahinter versuchte ich, dem Weg nach rechts zu folgen. Ein großer Wegweiser tat was er sollte, er wies mir den Weg. Allerdings lagen quer über dem Pfad riesige, geschälte Baumstämme. Sie waren so hoch aufgetürmt, dass ich unmöglich darüber klettern konnte. Ich versuchte rechts an ihnen vorbeizukommen und stolperte über kleine Äste, verfing mich fast in dem Geäst, vorbei an Baumstümpfen und Rindenstücken. Hier waren die Bäume wohl Opfer des Borkenkäfers geworden. Warum die Baumfäller allerdings die dicken Stämme quer über den Wanderweg legen mussten, konnte ich mir nicht erklären. Außerdem hatte ich in dem wüsten Kahlschlagfeld Mühe, den Pfad wieder zu entdecken.

Als ich ihn fand, genoss ich die Stille der Natur, die ja nicht wirklich die Abwesenheit von Geräuschen ist. Ein Wald ist schließlich kein schalltoter Raum. Vögel zwitschern, die Blätter rascheln, Bäume knirschen oder geben seltsame Laute von sich, wenn zwei Stämme aneinander reiben. Und ich hatte meine Ohren auf. Keine Kopfhörerstöpsel verschlossen sie und beschallten mich mit digitalen Melodien. Im Wald ist alles noch schön analog, wie der Wind in den Zwischenräumen der Geräusche, die nicht digital hinzugerechnet werden können. Für den Rest des Pfades war es still. Es ging sanft bergab. Und - als wollte mich der Pfad noch mal herausfordern, knickte er nach links ab, in eine Serpentine über einen Hügel und dann sah ich den *Bahnhof Au*, dunkelrot in einem kleinen Tal. Ein Zug stand am Bahnsteig. Da der Bahnhof die Endhaltestelle der Linie S 12 ist, bestand die Chance, den Zug noch zu erwischen. Dazu hätte ich allerdings fliegen müssen. Vom Pfad aus ist es nicht möglich, in direkter Linie zum Zug zu kommen. Das gelbe Hinweisschild des Zuweges prangte am Wegweiser. Ich musste um den Bahnhof herum, durch ein Sumpfgebiet (jedenfalls war es zu der Zeit sehr feucht), unter der Eisenbahnbrücke hindurch und noch einen großen Parkplatz überwinden. Meine Füße in den Barfußschuhen mögen weder Asphalt noch Beton, sagte ich das schon? So dribbelte ich über einen schmalen Grünstreifen zwischen den Autos hindurch und erreichte schließlich den Bahnsteig. Der Zug in meine Richtung war längst weg, aber es würde sicherlich ein neuer Zug kommen.

Mähroboter, fehlende Sockenbällchen und Master Po

VON AU NACH WISSEN

»Stille«. Es ist eigentlich das, was mich immer auf Wanderwege oder in die Natur treibt. Aber Stille ist für mich eben nicht, die völlige Abwesenheit von Geräuschen. Dann wäre ich in einem sogenannten »Tot-Raum«, also einem Raum, in dem alle Geräusche geschluckt werden und erst gar nicht von außen eindringen können. Aber - wie der Begriff »Tot-Raum« eigentlich schon sagt, hat das nichts mit Leben zutun. Der US-amerikanische Literaturwissenschaftler George Prochnik hat in seinem Buch »*In Pursuit of Silence*« festgestellt, dass Stille auf die beiden Wörter »*anasilan*« und »*desinere*« zurückgeht, Wörter, die Prochnik als »gotische Ausdrücke« bezeichnet. *Anasilan* bedeutet »der Wind, der sich legt« und *desinere* das »Innehalten in der Bewegung«. Also ist Stille demnach nicht nur, das Wandern in der Natur, sondern auch das kurze Innehalten, das Stehenbleiben auf dem Wanderweg. Etwas, was ich sowieso immer wieder mache und das hat nichts mit der oftmals schönen Aussicht zu tun, sondern einfach mal so. Ich höre das Zwitschern der Vögel, das Rascheln der

Blätter und spüre den weichen Boden unter meinen Füßen.

Jetzt ging es also von Au nach Wissen. Es war ein trauriger Tag. Es schien überhaupt nicht richtig hell werden zu wollen. Der Tag wollte etwas länger schlafen und die Nacht zog noch einmal die Dämmerung als Decke über die Landschaft. Auch der Boden unter meinen Füssen, war noch lange nicht trocken. Die Forstwege, die in diesen Tagen sowieso durch das Abtransportieren der Baumstämme zerfurcht und zerknetet waren, bildeten überall Pfützen. Zuvor hatte es geregnet und die Sonne fand nicht die Kraft durch die feuchte Decke durchzudringen, und den Boden zu trocknen. Ich versuchte mich an der Oberkante der Furchen zu halten und vermied es abzurutschen. Aber irgendwann passierte es natürlich und ich glitschte in eine der stattliche Pfützen. Meine Barfußschuhe sind zwar im Prinzip wasserdicht, aber eben nur im Prinzip. Ich spürte wie sich das Wasser in die Oberfläche der Schuhe saugte und auch die Strümpfe schlürften anschließend die Feuchtigkeit auf. Ich hatte keine Chance und kein zweites Paar Socken mit. Normalerweise schleppe ich immer Socken im Rucksack mit, zusammengefaltet zu einem kleinen »Sockenbällchen«. Das sieht nicht nur niedlich aus, sondern ist platzsparend. Nur diesmal nicht und ich haderte ein wenig mir, warum ich ausgerechnet an diesem Tag die Sockenbällchen vergessen hatte.

Der Natursteig hat auf dieser Etappe so gut wie keine kleinen Pfade durch den Wald. Hauptsächlich besteht er aus Forstwegen. Und wenn der Forstweg doch einmal den Wald verlässt, biegt er auf die gut asphaltiere »Alte Römerstraße«. An der Stelle, wo der Weg aus dem Wald kam, befand sich gegenüber ein Grundstück, auf dem ein alter Landrover mit gelben britischen Kennzeichen stand, gleich daneben ein schwer gepanzertes Fahrzeug, in Tarnfarbe, aber so auffällig wie es nur geht. Wozu brauche ich im Wald einen handlichen Panzer? Ich kann nur hoffen, dass es einfach nur ein skurriles Hobby des Besitzers ist. Oder wollte er damit vielleicht auf Jagd gehen und befürchtete, dass die Wildschweine zurückschiessen? Ich grübelte noch länger über dieses kuriose Panzerfahrzeug am Wegesrand nach. Ein ehemaliger Schwager von mir marschierte in der Tat zum Unkrautjähten im Tarnanzug. Mir war nie ganz klar, ob er sich vielleicht an die Gänseblümchen anschleichen wollte und dann aus dem Hinterhalt … *rupf!*. Man kennt ja die Gänseblümchen, diese Biester. Kaum sehen sie jemand mit einem Gartenhandschuh, nehmen sie die Blätter hoch und machen sich auf ihren Wurzeln schleunigst davon. Dieser besagte Ex-Schwager fuhr in jedem Jahr in die Normandie. Er sagte stets Anfang Juni zu seiner Frau:

»Schatz, was hältst du davon, wenn wir einen kleinen Urlaub in der Normandie machen? Da ist es immer so schön - mit den weiten Stränden und so...«

»Und so« meinte in dem Fall, die restlichen Bunker, die zur Mahnung an den Stränden noch standen und an die Landung der Alliierten am 6. Juni 1944 am *Omaha-Beach* (so hatten die Alliierten diesen Strandabschnitt in der Normandie umbenannt) erinnerten. Da wolle man im Urlaub fein im Sand liegen, dort wo die Soldaten die Normandie stürmten und fielen. Ich war bei diesem Urlaubsthema ein wenig sprachlos.

Zurück zum Natursteig. Immer wieder trat ich aus dem schattigen, feuchten Wald und es öffneten sich sanfte Hügel mit Feldern. Die Sonne brach kurz zwischen den Wolken durch, die sich wie gerissene graue Papierbögen von einander weg bewegten. Ein Baum lag auf dem schmalen Weg und einige Schafe wendeten ihre Köpfe, um offensichtlich zu sehen, wie ich das Problem wohl meisterte. Ich weiß nicht, ob sie zufrieden waren, dass ich einfach drumherum gegangen bin. Die Gesichter der Schafe blieben ausdruckslos und als ich weit genug weg war, mich noch einmal umsah, hatten sie sich längst wieder ihrer Hauptbeschäftigung zugewandt: Gras rupfen und zerfasern.

Schließlich tauchte die kleine Ortschaft *Bitzen* auf. Damit konnte nun wirklich keiner rechnen, denn jetzt spielte ich fortan Odysseus, verwirrt durch zahlreiche Kurse an Land. Wo war das Zeichen des Natursteigs? Möglicherweise gibt es in Bitzen den einen oder anderen Wanderer, der verhungert und verdurstet, hinter einer Dorfeiche liegt. Alles begann damit, dass ich aus dem Wald trat, gleich neben einem Waldfriedhof (schon das hätte mir zu denken geben müssen). Ich sah einen großen weißen Pfahl, mit einem Querbalken oben drauf. Auf dem einen Arm zeigte der Natursteigpfeil nach links und auf dem anderen nach rechts. Nur war ich mir aber laut Karte sicher, dass sich an dieser Stelle kein Rundweg befand. Gut. Ich war von unten aus dem Wald gekommen, so sagte mein Gefühl, dass es nach rechts gehen müsse. Einige Meter vorbei an dem Waldfriedhof, stand ein neuer Wegweiser und eine bunte Bank, die sehr an einen Ausstattungsgegenstand für den Film mit *Pippi Langstrumpf* erinnerte. Nun war der Pfeil eindeutig und wies mich in die Ortschaft. Schon verschwanden die nächsten Zeichen wieder, ich marschierte mal nach rechts in eine kleine Straße, mal nach links. Von oben, aus der Vogelperspektive, war das sicher sehr amüsant. So als würde ich Live das Brettspiel *Scotland Yard* spielen. Die Karte half mir an dieser Stelle nicht weiter und so holte ich doch mein Handy heraus. Vom Natursteig Sieg gibt es eine sehr gute App. Ich suchte die Etappe 9 und ließ mich orten. Natürlich war ich zwischen den Häusern richtig, aber auch in der falschen Straße. Ich marschierte in Richtung der blauen Linie, die mir meine Handyortung anzeigte. Beobachtete ganz genau einen kleinen Punkt in den Straßen (das war ich) und wohin sich der Punkt bewegte. Schließlich fand ich den Natursteig wieder. Er bog von der Straße abrupt in eine Wiese zwischen den Häusern von *Bitzen*. Das kam mir zwar jetzt merkwürdig vor, weil ich als Wanderer natürlich nicht die Privatsphäre der Menschen in diesem Ort verletzen wollte. Aber schließlich sah ich weiter unterhalb des Weges das Zeichen auf blauem Grund, mein Zeichen des Vertrauens. Etwas kleines Oranges rollte über eine akkurat gemähte Wiese und kam von links auf den verwirrten Wanderer zu. Ein Rasenmähroboter ohne Herrchen. Kurz vor dem Wanderweg schien er es sich anders zu überlegen und bog ruckartig ab. Sonst wäre er mir sicherlich über meine Füße gefahren und ob das meine Barfußschuhe ausgehalten hätten? An der Oberseite wären sie sicherlich abgemäht und ich hätte äußerst luftige Sandalen. So hatte ich Glück, dass es sich der Roboter anders überlegte.

Manchmal stoppe ich die Bewegung meines Körpers und ich fühle mich wie die Pferde, die ruhend auf einem Fleck stehen. So wie ich bei dem Mähroboter. Ich entlastete ein Bein und sah mir die

Bewegung des Roboters an. So wenig, wie man Pferden ansehen kann, was sie denken, wenn sie ruhend etwas beobachten, so wenig konnte mir keiner ansehen, was ich in diesem Moment dachte. Ich reiste in die Vergangenheit und mähte den Rasen rund um mein Haus. Ich war der Roboter und tat, was alle in der Siedlung mit den kleinen Eigenheimen taten: *Rasen mähen*. Es war die Zeit der Rasenmäher, der Gemeinschaft der Rasenmäher, der nicht aus der Reihe tanzenden Rasenmäher. Ich mochte eine wilde Wiese, mit Blumen, Farbexplosionen, von Insekten umsummt. Statt dessen mähte ich alles nieder, weil alle in der Siedlung alles niedermähten. Es musste ordentlich sein! Wer ordentlich war, seinen Rasen auf Golfplatzniveau stutzte, genoss das Wohlwollen der ihn umgebenden Gemeinschaft der Rasenmäher. So wurde ich zum Mähroboter. Natürlich nur in Gedanken und nicht jetzt.

Ich ließ den Roboter am Rande des Wanderweges alleine seine Kreise ziehen. Ich tat etwas anderes, als ich dem Weg weiter folgte. Ich zog in großen Zickzacklinien durch die Wiesen, vorbei an der Waldkante, in die ich hätte gehen können, wollte ich zur »*Kanzeley*« hoch über dem »*Hämmscher Land*«, so versprach das blaue Prospekt des Natursteig Sieg: »ein toller Ausblick über das romantische Siegtal«. Ich wollte jetzt keine Romantik, ich wollte einfach weiter, die Wiese hoch zum Bürgerzentrum »Bergtreff« von

Bitzen. Es war kein Bürger da und ein Bauwagen versperrte mir den Weg. Ein Schild im Fenster des Wagens wies mich daraufhin, dass der Wanderer in diesem Bauwagen später einmal übernachten könne. Jetzt aber war zu. Der Tag war zudem viel zu hell und ich hatte noch ein schönes Stück Weg vor mir. Ein älteres Ehepaar kam mir entgegen, besagte blaue Broschüre in der Hand und in Wanderoutfit gewandet. Selbstverständlich mit je zwei Stöcken: *Nordic-Natursteig-Walking*.

»Hallo sind Sie auf auf dem Natursteig?«, fragte er mich.

Ich bejahte. Das war ein Fehler.

»Wenn Sie weiter gehen, wird es ganz schlimm«, sagte er und seine Frau hob einen Stock und stimmte ihm zu.

»Ganz schlimm!«

»Was denn?«, wollte ich natürlich wissen und der ältere Herr schilderte mir den *Holperbach*, der offensichtlich an diesem Tag zu einem tosenden und reissenden Fluss angeschwollen war. Wie der Fluss *Koshi* in Nordindien, der bei Hochwasser schon mal eine ganze Schule wegschwemmt. Ich sah vor meinem geistigen Auge schon die eine oder andere Kuh muhend im Strom treiben, weggerissen von den umliegenden Kuhweiden. Es gab noch einen Tipp von dem Wanderpaar.

»Wenn Sie die Schuhe ausziehen, haben Sie vielleicht eine Chance auf die andere Seite zu kommen.«

Wir verabschiedeten uns und wünschten noch einen schönen Wandertag. Es machte mich natürlich stutzig, dass die beiden mir mit trockener Kleidung begegnet waren. Wie waren sie denn über den reissenden Holperbach gekommen?

Die Blätter der Bäume leuchteten in dieser Jahreszeit in buddhistischen Farben. Bevor sie zu Boden fielen, nahmen sie ein strahlendes Gelb, ein leuchtendes Braunorange an. Die Laubbäume, bevor sie sich in den Winterschlaf zurückziehen, entfalteten die schönsten Farben, die die Natur bereit hält. Nicht um Insekten anzulocken, wie bei den Blumen im Frühling, sondern um einfach ihre Schönheit zu zeigen, die keinem anderen Zweck dient, als den Herbst leuchten zu lassen.

Während ich noch in die Luft guckte und das Farbenspiel der Bäume bewunderte, setze ich meinen Weg über den Forstweg fort, geriet auf eine asphaltierte Straße und bog wieder nach rechts auf einen holprigen Weg, um gleich darauf den Bach zu sehen: den *fürchterlichen Holperbach*. So wild wie mir das Ehepaar es zuvor geschildert hatte, schien er nicht zu sein. Als ich ihn erreichte, konnte ich allerdings feststellen, dass ich nicht mit einem beherzten

Ausfallschritt rüberhoppeln konnte. Dafür war er durch die Regenfälle der vergangen Tage tatsächlich zu breit geworden. Am Rand lagen ein paar große Steinbrocken im Bachbett. Das war doch mal ein Lichtblick. Wenn ich vorsichtig, Schritt für Schritt, von Stein auf Stein, mich fortbewegte, sollte ich sogar trockenen Fußes (mittlerweile waren die Socken und die Schuhe trockengelaufen) auf die andere Seite kommen. Ich stand direkt davor, sah den Bach, der mit hoher Geschwindigkeit rauschend und glucksend an den Steinen vorbei strömte und dachte daran, dass es nicht besonders gut wäre, wenn ich von einem der Steine abrutschen würde und platsch bis zu den Knien im kalten Wasser stand. Die Kühe zu meiner Linken wagten sich bis an den Weidezaun heran und beobachtete mich interessiert. Ich konnte ihnen förmlich ansehen, was in ihren Köpfen vorging. Ich bin mir sogar sicher, dass sich das eine oder andere Kuhmaul zu einem leichten Grinsen verzog. Denen wollte ich es natürlich zeigen. Mit mir nicht! Ich richtete mich auf und hörte im Hintergrund die Musik der Fernsehserie aus den 1970ern »*Kung Fu*« ... »Ho ho ho hooooo ...« Darin gab es eine Geschichte, wie der junge Novize Kwai Chang Caine von seinem alten Meister geprüft werden sollte. Master Po führte den jungen Novizen in eine Halle, die nur schwach durch Kerzenschein erleuchtet war. Solche Hallen kamen in der Serien immer vor. Und immer waren sie mit vielen Kerzen beleuchtet. Jedenfalls führte ihn Master Po zu einem Kessel mit riesigen Ausmaßen. Über den Kessel führte eine schmale, eine äußerst schmale Planke von einem Rand zum gegenüberliegenden Rand. Master Po sah den Novizen aus weißen Augen an. Ich wußte übrigens nie, ob diese Augen andeuten sollten, dass der Meister schlecht sehen konnte oder tatsächlich blind war.

»Grashüpfer!«, sagte Master Po, denn so nannte er den Novizen, »bei deiner Prüfung in drei Tagen, musst du über diese Planke gehen.«

Klang nicht so schwer, die Planke war ausreichend breit und Kwai Chang Caine warf einen Blick in den Kessel. Am Grund des Kessel lagen viele ausgebleichte weiße Knochen.

»Die sind von den Novizen«, erläuterte Master Po, »die in die Säure gefallen sind.«

Das war jetzt offenbar kein Spaß mehr, denn der Kessel war fast bis zum Rand mit einer durchsichtigen Flüssigkeit gefüllt.

»Aber du hast drei Tage Zeit zum Üben«, entschied Master Po.

Und Kwai Chang Caine übte von morgens bis spät in der Nacht auf einer ähnlich breiten Planke, die er auf zwei Backsteine gelegt hatte. Schon beim dritten Mal ging er sicher darüber. Er spazierte immer wieder sicher bis auf die andere Seite. Übte sogar mit geschlossenen Augen. Er würde diese Prüfung bestehen, ohne sein Leben in dem Säurebad zu verlieren, und dem Knochenberg am Grund des Kessels keinesfalls ein paar seiner Knochen hinzufügen.

Der Tag der Prüfung kam und Master Po forderte den jungen Novizen auf, über die schmale Planke von einem Rand des Kessels, zur gegenüberliegenden Seite zu gehen. Langsam setze er einen Fuß vor den anderen. Er hatte fast die Mitte erreicht, da blickte er nach unten, sah die weißen Knochen durch die Flüssigkeit schimmern und begann zu zittern. Seine Beine wollten ihm nicht mehr gehorchen, seine Knie waren weich und beim nächste Schritt rutschte er von der Planke und landete im Kessel. Er ruderte und paddelte um sein Leben. Master Po stand neben dem Kessel und lachte. Die »Säure« bestand schlicht und ergreifend aus klarem Wasser. Klatschnass hievte sich der Novize über den Rand des Kessels.

»Grashüpfer, weiß du, warum du in den Kessel gefallen bist? Es waren nicht deine Beine, es war deine Angst, die dich fallen ließ.«

Und Grashüpfer verstand.

Ich auch. Mein Kessel war der Holperbach und meine Planke die Steine vor mir. Jetzt nur keine Angst. Ich sah, wie weit sie auseinander lagen. Das sollte kein Problem sein, denn es war jedesmal nur ein kleiner

Schritt notwendig. So dachte ich an Master Po, schritt ohne Hektik hinüber und kam trockenen Fußes auf der anderen Seite des Holperbaches an. Geschafft! Ich blickte mich noch einmal um und bildetet mir ein, dass die Kühe bewundernd nickten. Ich bin mir sogar sicher, dass sie es taten.

Der weitere Weg war weniger spektakulär. Lediglich an dem städtischen Schwimmbad »Siegtalbad« verlief ich mich auf dem Parkplatz, weil der schmale Weg mich per Handlauf zum Parkplatz führte. Ich wurde stutzig, ging ein paar Meter zurück und sah am Pfosten für den Handlauf, das Schild des Natursteig Sieg. Vermutlich war er für wandernde Dackel dort in Augenhöhe angebracht worden. Allerdings sind mir auf dem Wanderweg sehr wenige Dackel mit kleinen Rucksäcken begegnet. Dafür vier Damen mit je zwei Wanderstöcken, eingehüllt in eine Parfümwolke, staksten sie an mir vorbei ohne zu grüßen. Im Ort *Wissen* angekommen, dem Etappenziel, schlenderte ich zum Restaurant »Marktstube«. Ein Mann mit einer Katze an der Leine und ein Rollstuhlfahrer mit Lederweste und Lederhut begegneten mir auf dem Weg. Ich begutachtete die Speisenkarte, die mit »deutscher Küche« warb und ich entschied mich für »Krüstchen«. Normalerweise ernähre ich mich mittlerweile hauptsächlich vegetarisch, aber ab und zu

… nun ja, ich bin auch nur ein Mensch und selbst Buddha sagt man nach, dass er Fleisch gegessen habe, wenn es ihm als Spende gereicht wurde. So bat ich die Wirtsleute im Restaurant, mir das Krüstchen, die rheinische Spezialität aus einem Schnitzel plus Spiegelei, doch zu spendieren. Hat natürlich nicht geklappt. Ich muss über meine Ernährung noch einmal nachdenken. Doch zunächst freuten sich in Wissen meine Füße und die qualmenden Socken über das Päuschen, denn die nächste Etappe war nicht weit und würde mich wieder in die Marktstube führen.

Strullernde Rindviecher und andere tolle Ausblicke

VON WISSEN NACH WISSEN - DIE SCHLEIFE

Kann mir mal jemand sagen, warum ich eine Schleife laufen soll? Das hatte ich mich schon bei der Etappe »Rund um Herchen« gefragt. Was haben sich die Planer des Wanderweges wohl dabei gedacht? Nun - nachdem ich die Schleife gegangen bin, denke ich, dass der Wanderer eben auf einem geraden Weg, der nur von A nach B führt, vieles verpasst und die Schleife um Wissen hat einfach einiges zu bieten, und das möchte ich im Nachhinein nicht verpasst haben. Obwohl mir wegen der letzen fünf Kilometer ganz schön die Füße weh taten. Sagte ich schon, dass ich mit Barfußschuhen unterwegs bin und den groben grauen Schotter auf Forstwegen genauso wenig mag, wie Asphaltstraßen ohne weiche Seitenwege?

Also auf zur Schleife, die Schuhe bindet sich der Wanderer ja auch mit Schleifen zu. Gut, zugegeben, das war ein schlechter Witz. Verzeihen Sie mir den? Die Schleife begann, wie die letzte Etappe aufgehört hatte. Ich musste also wieder zurück, vom Bahnhof aus durch die Fußgängerzone von Wissen. Die Geschäfte waren noch geschlossen, da ich sehr früh startete. Das Wetter war zwar etwas kühl, aber immerhin schien die Sonne und die Kirche am Ende der Fußgängerzone warf einen großen Schatten. Zunächst dachte ich, dass es vielleicht langweilig sein könnte, wenn man den Weg schon kennt. Aber das war nicht so, eher im Gegenteil. Nach der Unterführung der Bahnstrecke ging es gleich in Richtung Siegufer. Eine neue Brücke wurde an der Stelle gebaut und die großen Betonpfeiler im Fluß waren schon fertig. Zwei Arbeiter hämmerten am frühen Morgen Holzplatten zusammen. Vermutlich um darin neuen Beton zu gießen. Später lässt sich vielleicht gleich hier über die Sieg gehen. Das wusste ich allerdings zu dem Zeitpunkt noch nicht. Ich genoss, dass ich nicht wie beim letzten Mal auf der Strecke, bestockte und stark parfümierte Damen begegnete. Ich war komplett alleine und das sollte für die nächsten acht Stunden so bleiben, soviel kann ich jetzt schon verraten. Es ist erstaunlich, dass man in dem bevölkerungsreichsten Bundesland lebt und trotzdem noch so lange wandern kann, ohne jemandem zu begegnen. Nachdem ich die Brücke am Ende des Weges am Flussufer erreichte, marschierte ich über die alte Brücke und von da an, ging es immer weiter bergauf. Am Siegtalbad hatte ich mich ja bei der vorigen Etappe ein wenig verlaufen. Aber jetzt kannte ich mich aus. Als wäre ich den Weg schon tausend Mal gelaufen, bog ich am Schützenhaus links ab, auf einen kleinen Pfad und ließ das Schwimmbad mit seiner großen Rutsche einfach rechts liegen. Diesmal wurde der Parkplatz nicht von mir bewandert. Durch kleine Ortschaften und kurz vor dem Einstieg in die Schleife um Wissen, steht auf der linken Seite ein Kreuz, das an das Schicksal einer Familie erinnert, die hier einen Bauernhof hatte und in den letzte Kriegstagen des Zweiten Weltkrieges durch eine Fliegerbombe getötet wurde. Ich wandere vorbei und dachte nur »Warum?«

Wenig später sah ich den Wegweiser für den Einstieg in den Wanderweg rund um Wissen, dem ich selbstverständlich in den Wald folgte. Später überquerte ich einen Bach, mal wieder den den Holperbach. Neugierige Kälbchen verfolgten mich mit ihren Blicken und ihre Mütter trugen Kuhglocken. Ich fühlte mich ein wenig im Allgäu und als ich schließlich *Hagedorn* erreichte, folge ich dem Schild zur »*Eiertankstelle*« und machte mir so meine Gedanken. Kommt da aus dem Zapfhahn vielleicht Rührei heraus? Dann wäre es vielleicht günstig, man würde gleich die Pfanne unter den Zapfhahn halten. Ich sehe die Rohstoff-Lieferanten gackernd um einen alten Bauwagen herumlaufen, der vermutlich als Hühnerstall fungierte. Er ist fröhlich bemalt. Ich lese den Hinweis, dass die Eiertankstelle aus einer Box besteht, die neben der Tür eines Wohnhauses stand. Hier könne man sich gegen den entsprechenden Obolus bedienen. Also doch keine innovative Rührei-Idee gleich beim Produzenten. Nach dem Gackern führt der Wanderweg zum Scheppern. Das klappernde und scheppernde Blech war schon von Weitem im Wald zu hören, aber erst als der Pfad aus dem Wald herausführte, konnte ich die Quelle des Geräusches sehen. Aufgetürmt wie die Häuser in Manhattan standen massive Container in Grau übereinander. Es wurden offensichtlich viereckige Boxen gefertigt, die, so verriet mir ein Schild, zu mieten sind. Justament brauche ich eine solche Blechbox nicht und so versuchte ich, entlang des Drahtzaunes den Wanderweg wieder zu finden. Auch wenn er an der Stelle spärlich gekennzeichnet ist. Das Scheppern der Bleche begleitete mich noch eine Weile und blendete nahtlos in ein wildes Gebelle von zwei Hofhunden über, die offenbar einen extremen Geruchsinn hatten. Ich war ziemlich weit weg und dennoch konnte ich genau sehn, dass sie in meine Richtung schnüffelten und anschließend wild bellten. Aber sie konnten offensichtlich nicht aus dem Hof heraus. Das beruhigte mich, weil ich vor allem nicht wußte, ob Wanderer auch schon mal das Schicksal von Postboten teilten. Zur möglichen Bestechung befand sich in meinem Rucksack lediglich ein Müsliriegel und kein leckeres Würstchen. Das wären keine guten Voraussetzungen für eine, sagen wir, freundschaftliche Annäherung. Fröhlich pfeifend marschierte ich weiter und der Pfad zog mich bei herrlichem Sonnenschein entlang einer Kuhweide. Die Kühe waren umstellt von braunen kleinen, flauschigen Kälbern. Sie hatten große dunkelbraune Augen, die mich neugierig musterten. Ein wirklich friedlicher Anblick. Und die Kühe schienen sich zu fragen:

»Wo will der denn hin?«

Sie wussten es in dem Augenblick nicht, genauso wenig wie ich. Der Weg endete vor einer verwinkelten Holzkonstruktion, durch die die Kühe mit Sicherheit nicht passten, ich allerdings schon. Ein Schild forderte mich auf, über die Wiese zu gehen. Die Kühe und Kälber sahen alle zu mir hin:

»Wird er es wagen?«

Ja, ich wagte es und ging auf die Kuhwiese. Es war schon ein komisches Gefühl, dass zwischen mir und den Kühen jetzt kein Zaun mehr war und ich erinnerte mich in dem Augenblick an die Meldung, die vor ein paar Jahren durch die Presse ging. Eine Wanderin sei von einer wütenden Kuh getötet worden, als sie auf eine Wiese kletterte, um auf die andere Seite zu kommen. Die Kuh fühlte sich bedroht und überrannte die Wanderin. Die Kühe auf meiner Wiese schienen lediglich neugierig zu sein und verfolgten mich mit ihren Blicken. Vielleicht war das aber nur ein Trick und gleich würden sie losrennen. Eine Kuh sah mich an und drückte ihr Missfallen darüber aus, dass ich es gewagt hatte, auf ihre Wiese zu treten. Sie streckte sich wie beim Yoga-Sonnengruß, aber dann strullerte sie drauflos. Ich war fasziniert, denn ich fragte mich, wo sie so viel Flüssigkeit hernahm? Der kräftige Strullerstrahl schien nicht aufhören zu wollen. Die Kuh war zumindest beschäftigt und ich machte mich von der Wiese. Auf der anderen Seite kletterte ich ebenfalls durch eine Holzkonstruktion. Geschafft! Als Torero wäre ich wohl keine große Leuchte, weil ich immer nur hinter dem Zaun hampelte. Zudem - Tiere töten ist definitiv nichts für mich.

Kurz danach überquerte ich eine alte verrostete Stahlbrücke. Es handelte sich dabei allerdings nicht um exquisiten Cortenstahl, den der Kulturbeflissene als minimalistische Skulptur in den Garten stellt. Schöner rosten sozusagen. Aber dennoch sah die Brücke stabil aus und führte mich sicher über ein kleines Flüsschen. Sehr romantisch und man möchte es fotografieren oder wer kann, auch gerne zeichnen. Das ganze Gegenteil von dem, was sich ein wenig später anschloss: ein Neubaugebiet. Überall frische Häuser nach dem modernen Einheitsrezept, wie viele es für schick halten. Dazu wird das meiste mit Platten oder grauem Schotter umspült. Es kam eine enge Stelle des Natursteigs, der hier natürlich nicht seinen Namen verdient. Der Wanderer muss fast über die grauen Platten der Häuslebauer laufen. Offenbar hatte der Architekt vergessen, dass es an dieser Stelle einen Wanderpfad gibt. Glücklicherweise wurde nicht das komplette Haus draufgesetzt, mit einer Tür für den Eingang und einer für den Ausgang. Möglicherweise hätte es gekühlte Getränke und kleine Häppchen gegeben, bevor der Wanderer das Wohnzimmer und somit den Ausgang für den Wanderweg erreicht hätte. Wenn der Naturpilger das Ende der gereihten Neubauten erreicht, muss er um die Siedlung herum und kann auf diese Weise noch die hinteren Gärten bewundern. Irgendwo in der Mitte der Umrundung entdeckte ich, dass ich über ein noch unbebautes Grundstück hätte gehen können. Dafür gab es aber keinerlei Hinweisschilder und nun biege ich wieder in den Wald ein, höre die Vögel und atme durch. Nur das Geräusch eines einsamen Rasenmähers verfolgte mich noch eine Weile. Dieses Neubaugebiet gehört noch zu der Ortschaft *Birken-Honigessen*, in der die erste Zeltkirche Deutschlands steht, die katholische Pfarrkirche St. Elisabeth. Übrigens bekommen sie nicht an jeder Ecke Honig in diesem Ort. Der Ursprung des lustigen Namens hat etwas mit »*Honn*« zutun, der untersten Verwaltungseinheit im Mittelalter und »*sessen*«. Also die, die in der *Honn sitzen*. So hat der Kölner Stadtteil Nippes auch nichts mit Tinnef oder Tand zutun, sondern leitet sich eher von »*Niep*«, einer Rheinsenke ab. Ich wollte damit eigentlich nur sagen, dass mancher Namen eher täuscht. Wenn Sie also in Honigessen *Honig essen*, ist das eher ein Zufall. Kurz noch zurück zu der Kirche. Die wollte ich mir, neugierig, wie ich nun mal bin, ansehen. Fehlanzeige. Die Kirche war zu. Ich habe das mit der Besichtigung von Kirchen am Wegesrand schon oft versucht und musste nicht selten feststellen, dass sie verschlossen waren. So musste mein Wissensdurst vor der Tür bleiben. Die Etappe ist mit 25 Kilometer Länge ganz ordentlich und wer will, kann in *Honigessen* abkürzen. Ein Bus fährt nach Wissen zurück. Später kann der Wanderer an dieser Stelle, wenn er möchte, wieder ansetzen. Ich hatte noch Luft, die Sonne schien und so widerstand der Versuchung.

Der Steig führte weiter an Fischteichen vorbei, die von Nilgänsen bewacht wurden. Plötzlich war ich doch im Allgäu, nein, nicht der gefährlichen Kühe wegen, sondern wegen des unerwarteten alpinen Abstiegs ins *Bröltal*. Eine äußerst steile Serpentine wand sich zwischen den Bäumen durch. Ganz klar, dafür habe ich meinen Teleskopwanderstock. Der wurde ausgefahren. Denn gerade meine Barfußschuhe haben nicht so starkes Profil unter der Sohle, wie normale Wanderschuhe. Bei einem steilen Weg rutschen die Schuhe schon mal gerne. So kommt der Wanderstock zum Einsatz. Eine alte Wandererregel besagt:

»Wenn es irgendwo bergab geht, geht es auch bald wieder bergauf.«

Der letzte große Aufstieg folgte auf den *Kucksberg*. Mit tollen Ausblicken auf das Siegtal werden die Wanderer belohnt. Schließlich war der gelbmarkierte Zuweg zurück nach Wissen erreicht. Vorbei an einem kleinen Denkmal, etwas abseits des Weges. Es war ziemlich mit Sträuchern bewachsen. Es ist ein kleines Mahnmal, das an die Holzbaracken der Zwangsarbeiter während des NS-Regimes erinnert. *Wissen* war früher ein Montanstandort und das *Wissener Walzwerk* war tief im Nationalsozialismus verstrickt. Die Baracken standen »Auf der Bornscheidt«. Nicht weit von dem Mahnmal endete der Wald entlang einer Solaranlage. Ein paar Meter danach erkannte ich verwittertes Mauerwerk mit runden Löchern. Das war die Toilettenanlage der Zwangsarbeiter. Sie war als einziges sichtbare Zeugnis übrig geblieben. Eine Frau mit Hund kommt mir mit einem Lächeln entgegen. Ich lächele eher automatisch zurück, denn ich bin tief in den Gedanken an die Zeit des Nationalsozialismus. Es erinnerte mich wieder an *Herchen*, wo der Natursteig Sieg direkt durch einen ehemaligen Thing-Platz führt, der auch überwuchert war, aber eben nicht ganz.

Schließlich erreichte ich die *Siegaue* auf dem Weg zum Wissener Bahnhof. An einer Tankstelle holte mir ein kühles Getränk. Ich hatte auf der Wanderung nur einen Liter Wasser dabei und stellte fest, dass das zumindest auf dieser Etappe viel zu wenig war. Beim Wandern lernte ich von einer Etappe zur nächsten.

Und die wartete schon auf mich.

Kein Problembär im Ruhewald des Grafen

VON WISSEN NACH SCHEUERFELD

Ich kam bei der vorigen Etappe vom Berg herunter und überquerte die Straße. Nach rechts ging es über die Siegaue zurück zum Bahnhof. Jetzt nahm ich dagegen die Brücke über die Sieg mit dem Hinweis nach *Scheuerfeld*. Leise gluckernd und gurgelnd floss die Sieg unter der Brücke durch. Dieser Morgen wirkte sehr friedlich. Es war noch ein wenig kühl und zwei Nilgänse am Flussufer musterten mich neugierig. Wenige Meter hinter der Brücke stieg der Steig kontinuierlich auf einem Asphaltweg hoch, vorbei an *Schloss Schönstein*, das ich beinahe nicht sofort gesehen hätte. Viele Büsche versperrten den Blick auf das Gemäuer. Ein offenes Steintor war zu erkennen. Später erzählte mir ein Hundespaziergänger von dem Schloss und seinem Besitzer, dem *Grafen von Hatzfeld*. Und ich würde die Einstellung des Herrn Grafen zur Natur feststellen, die offenbar nicht bei allen Einwohnern der Ortschaft auf Gegenliebe stieß. Auf meine Gegenliebe stiessen allerdings unglaublich braune Schäfchen ganz in der Nähe des Schlosses. Sie waren schokoladenfarbig und wirkten sehr sauber, so, als ob man die Wolle gleich in heiße Milch tunken könnte und dann die heiße (Schafs-) Schokolade den Wanderer labte. Ich wünschte den Schafen noch einen schönen Tag. Sie sahen mich unverständlich an.

Hinter dieser Wiese führte bald ein Fußweg in den Wald hinein. Es folgten eine Reihe von kleineren schmalen Pfaden, die ich so mag: weicher Boden durch Blätter oder Nadeln und gewunden durch Wald und Feld. Das ist genau das, was ich mir als Wanderer wünschte und um es gleich vorweg zu sagen, diese Etappe gehört sicherlich zu den schönsten des Natursteig Sieg. Zwischen den Bäumen führt eine kleine »alpine« Serpentine zum *Firzelsbachtal*. Und hier bleibt tatsächlich jeder Fitzel, ähh … Firzel liegen. Und das wiederum hat der Wald, mit dem kleinen Firzelbach, dem Grafen zu verdanken. Er hat an der Stelle einen »*Ruhewald*« deklariert. Das bedeutet nun nicht, dass es hier besonders ruhig ist, im Gegenteil, die Vögel scheinen einen solchen Wald sehr zu mögen. Sie flöteten, pfiffen und tirilierten um die Wette. Wären es keine kleinen Vögel, hätte man es glatt als Lärm bezeichnen können. Eine Tafel am Anfang des Waldes klärte auf, was es mit dem Begriff *Ruhewald* auf sich hat. Kurz: Dieser Wald wird in Ruhe gelassen oder anders gesagt, die Natur wird sich vollkommen selbst überlassen. Bäume fallen um und bleiben liegen, sie liegen zuhauf quer über dem kleinen Bach, der an manchen Stellen nur durchs Gurgeln auszumachen ist. Nur dort, wo ein Baum quer über den kleinen Weg gefallen war, wurde gerade soviel weggesägt, dass einen Passage für den Wanderer frei ist und man nicht dauernd klettern muss. Es wurde so zu einem privaten Naturschutzgebiet. In dem Wald ist das Mikroklima sofort zu spüren, gerade bei viel Sonnenschein. An dem Tag umfing mich der Forst mit einer angenehmen Kühle. Der Naturschutz ist so ganz praktisch direkt auf der Haut spürbar. Der Graf von Hatzfeld ist der größte Privatwaldbesitzer im Land Rheinland-Pfalz und Brandenburg. Er ist zudem sozusagen akademischer Förster und hat seinen Magister in den USA gemacht. Seine Tante ist übrigens die Publizistin *Marion Gräfin Dönhoff*. Ja, das ist die, die mit dem Pferd aus dem Osten geritten kam und in Hamburg Mitherausgeberin der Wochenzeitschrift »*Der Zeit*« wurde. Der Herr Graf von Hatzfeld publizierte auch, aber er hat es hauptsächlich mit der Natur. Er engagiert sich sehr gegen das zunehmende Waldsterben. Soweit das die Borkenkäfer und die Trockenheit zulassen. Denn die scheren sich wenig um Engagement. Und für einige Mitbürger geht so ein *natürlich* unordentlicher Wald gar nicht.

»Na - sind Sie ganz alleine unterwegs?«, fragte mich ein Spaziergänger an einer Weggabel, der seinen Hund ausführte oder der Hund ihn, das war nicht ganz zu erkennen. Ich grüßte und bestätigte, dass ich lediglich mit meinem Rucksack auf dem Natursteig unterwegs sei. Den hätte ich aber sehr lieb. Der ältere Herr schien skeptisch.

»Haben Sie denn ein Handy dabei, nur so für Notfälle?«

Ich bestätigte und das schien ihn ein wenig zu beruhigen.

»Ist es denn hier im Ruhewald gefährlich?«, fragte ich zurück.

»Nein, eigentlich nicht, aber der Graf lässt hier ja alles rumliegen, wachsen und umfallen. Nachher fällt ihnen vielleicht ein Ast auf den Kopf.«

Gut, die Möglichkeit besteht immer, aber es sei doch wenig wahrscheinlich. Ich hatte schon befürchtet, er habe einen gefährlichen bayrischen *Problembär* gemeint, der sich in so einem natürlichen Wald sehr wohl fühlen würde. Und der fände es vielleicht nicht gut, wenn ich durch sein Wohnzimmer tapste. Dann wäre er sauer und der ehemalige bayrische Ministerpräsident Edmund Stoiber würde wieder von einem *Problembär,* statt einem *Normalbären* sprechen. Und ich wäre es dann schuld. Nun waren wir aber nicht in Bayern, sondern in Rheinland-Pfalz. Braunbären kommen eher selten vor. Der Hund (er hatte allerdings etwas Bärenhaftes) des Spaziergängers bewegte sich an einer sehr lange Leine und so hoppelte er ein Stückchen in den Wald, um eine mittlere Eiche auszugraben. Der Mann sah es mit Bewunderung, so nach dem Motto:

»Mein Hund - doll was?«

Meine Bewunderung hielt sich dagegen in Grenzen. Da der Hund beschäftigt war, beschäftigte sich der Mann jetzt mit mir.

»Meine ganze Familie war früher Untertage. Hier gab es überall Stollen und mein Opa hat mir noch, als ich klein war, Treppenstufen aus dem Stollen mitgebracht und kleine Gesteinsbrocken, die toll glitzerten. Heute sind wir ja alle Steuerberater.«

»Möglicherweise war das gesünder«, dachte ich so bei mir. Nach Zahlen zu graben, ist etwas anderes als nach Eisenerzen.

Ich verabschiedete mich von den beiden. Der Hund hatte sich zwischenzeitlich mit einem kleineren Stock, statt der kompletten Eiche begnügt.

Der weitere Weg des Natursteigs wurde nun für eine lange Strecke zum *Botanischen Weg*. Unentwegt wiesen kleine Tafel darauf, was man gerade sieht oder auch nicht, weil es vielleicht die falsche Jahreszeit war und die Blümchen nun gerade jetzt nicht wollten. Zwischen Wiesen mit hochgewachsenen Gräser ging es hindurch und über mir brummte ein Motorsegler. Irgendwie ist das für mich ein Sommergeräusch, wenn kleine motorbetriebene Flugzeuge zu hören sind. Und wieder ging es nach der Wiese ziemlich unvermittelt schräg hinunter. Zwischen den Bäumen zogen sich kunstoffummantelte Seile. Das war gut so. Es hatte zwar nicht geregnet, dann wäre der Weg vermutlich sehr rutschig gewesen, aber mit meinen Barfußschuhen rutsche ich auch so ganz gut. Jetzt fragen sie sich, warum wandert der ausgerechnet mit Schuhen, die wenig Profil haben? Macht man doch nicht als Wanderer. Richtig, aber hätten die Barfußschuhe (und mit denen wollte ich den Weg unter meinen Füßen spüren), ein stärkeres Profil, wäre der Barfußeffekt futsch.

Immer wieder schlängelte sich der schmale Pfad zwischen den Bäumen hindurch. Unvermittelt tauchte plötzlich das Schild »*Umleitung*« auf. Es war tatsächlich der Natursteig Sieg gemeint. Das blauweiße Logo war gut zu erkennen. Umleitung? Auf einem Wanderweg?

»Folgen Sie bitte dem Flatterband«, forderte mich das Schild auf. Das Flatterband zeigte ebenfalls das Logo des Natursteigs. Eigentlich kenne ich das nur aus Tatort-Filmen. Dann steht auf dem Flatterband »Polizei« und der Kommissar geht zielstrebig auf das abgesperrte Carré zu.

»Wurde die Leiche nicht bewegt?«

»Selbstverständlich nicht!«, sagte ein Mann im weißen Overall, der wie ein faltiges Michelinmännchen aus der früheren Reifenwerbung aussah. Er war natürlich von der Spurensicherung. Der Kommissar nahm einen Kugelschreiber aus seiner Jackentasche, trat hinter das Flatterband und hob mit dem Kugelschreiber die Jacke des Ermordeten ein wenig an.

»Ein Schuss direkt ins Herz. Kaliber 9 Millimeter.«

Hinter dem Flatterband, vor dem ich nun stand, befand sich der Zugang zu einem Campingplatz, das wußte ich von einer früheren Wanderung auf der Etappe. Ich war in Höhe des Mobilheimparkes bei *Mittelhof*. Wie ich später erfuhr, war der Weg gesperrt, weil es schwere Sturmschäden im Wald gegeben hatte und der Weg an dieser Stelle wohl nicht passierbar war.

Alle hundert Meter fand sich an der Umleitung ein Stück Flatterband an den Bäumen, so dass dem unbekannten Weg sehr gut zu folgen war, bis er schließlich wieder auf den normalen Natursteig zurückführte. Zwischen Felsen und der Sieg setzte ich meine vorsichtigen Schritte fort und auf solchen Wegen bestätigte es sich, dass es wirklich einer der schönsten Etappen des Natursteig Sieg ist. Bei den Wiesen schlabberten junge Kühe an einer Wassertränke, wie man sie oft auch bei Pferdeboxen hat. Die Kühe drückten mit ihren Mäulern in einen kleinen Napf und schon floß Wasser, das genüßlich geschlabbert wurde. Wenig später genoß ich noch einen sehr schönen Blick über die Siegschleife. Eine Bank lud mich zum Platz nehmen ein, aber da saßen schon zwei leere Bierflaschen und so ging ich weiter in Richtung Zuweg zum Bahnhof *Scheuerfeld*, vorbei an den alten Bahnschienen und am Rand eines Industriegebietes. Am Bahnhof, der nicht auf den ersten Blick als solcher zu erkennen war, setzte ich mich auf die Wartebank am Bahnsteig. Eine Wanderin mit zwei Stöcken näherte sich, beugte sich von Hinten über die Lehne der Bank.

»Entschuldigen Sie, wissen Sie wo hier der Bahnhof ist?«

Ich wendete mich ihr mit einem freundlichen Lächeln zu.

»Sie stehen drauf.«

Wölfe, Indianer und Druiden

VON SCHEUERFELD NACH ALSDORF

Der Weg führte steil in Höhe und gab doch zu Beginn den Blick auf Dächer in der Ferne und Wiesen im Tal frei. Ein Gehöft lag klein im Tal wie ein Spielzeughof, ein Pferd freute sich über die weite Wiese und galoppierte an den Rand bis zum Zaun, um seine Spielfläche abzumessen. Ihm war die Freude und die Lebenslust anzusehen. Aus dem Hof drang das Geräusch einer Säge mühsam bis zu mir zwischen den Tannen. Der schmale Weg, auf dem ich mich befand, wirkte wie eine Regenrinne für halbgeöffnete Tannenzapfen und ich musste sehen, dass ich nicht ins Rutschen geriet. Ein solcher schmaler Pfad zwischen den Bäumen, gab es ja in der vorangegangenen Etappe sehr häufig, hier jetzt nicht. Um es gleich vorweg zu sagen, ich wanderte über harte Forstwege und ab und zu auch über Asphalt. Die Laubwälder, durch die ich kam, versöhnten mich zwischendurch ein wenig. Da die Bäume immer noch in sattem Grün daherkamen und das Licht bis zum Boden ließen. Zwischen diesen Abschnitten lagen kahle, gerodete Flächen, auf denen einst Fichten standen, die dem Borkenkäfer oder der Trockenheit zum Opfer gefallen waren. Jetzt ragten

Stümpfe klagend aus dem Boden. Die freien Flächen gaben einen anderen Blick frei, den Blick auf Hochsitze. An einer Stelle des Weges drehte ich mich einmal langsam um die eigenen Achse und zählte sechs Hochsitze in meinem Blickfeld. Ich freue mich, wenn ich einem Wildschwein oder Reh begegne (was selten genug ist), aber auf solchen Flächen zwischen den Hochsitzen haben sie wohl keine Chance. Gibt es keinen schützenden Wald mehr, wird es wohl kein Wild mehr geben. Ja, ich weiß, die Jäger sagen immer, das sie tun, wegen der Hege und Pflege töten. Ich glaube das nicht. Die Natur ist in der Lage sich selbst zu helfen und zu regulieren. Das Problem sind meistens die Menschen und nicht die Tiere. Das sind Gedanken, die mir natürlich auf solchen Wanderungen durch den Kopf gehen und ich weiß, dass sie nicht von allen geteilt werden. Vor Jahren hielt ich einmal einen Vortrag auf der Dortmunder Messe »*Hund und Katz*«. Es war ein Vortrag über Wölfe. Ich war gerade von einer Reise aus dem Norden Amerikas zurück, wo ich mit einem Stamm der »*Nez Percé*« unterwegs war, der sich selbst als »*Nimi'ipuu*« bezeichnete. Die Indianer haben mir viel von den Wölfen berichtet, weil es vor allem ihr Totemtier ist: ein Tier, dem sie sich mythisch verbunden fühlen. Ich selbst saß einmal in einem Rudel von Timberwölfen, sie waren neugierig, beschnüffelten mich - aber mehr auch nicht. Nachdem ich von meinen

Wolfserlebnissen auf der Bühne in Dortmund berichtet hatte, und von der Bühne herunterkam, wurde ich gleich von einer Gruppe Menschen umringt. Sie waren Jäger und fanden meine positiven Ausführungen über Wölfe schlicht und ergreifend *unverschämt*. Im 18. Jahrhundert haben solche Menschen die Wölfe praktisch ausgerottet. In der Lausitz, in Sachsen, war im Jahr 2000 wieder ein kleines Wolfsrudel mit Welpen zu sehen. Vermutlich waren sie aus dem Osten eingewandert. Auch entlang des Natursteig Sieg könnte es bald sein, dass der Wanderer einem Wolf begegnet. Vermutlich wird es aber so sein, dass der Wolf den Wanderer sieht, aber der Wanderer nicht den Wolf. Glücklicherweise werden diese interessanten Tiere wieder zugelassen.

Ob die Druiden in früheren Zeiten an Wölfe gedacht haben? Möglicherweise. Für manchen Druiden waren die Wölfe, wie bei den Indianern, *Totemtiere*, sie waren Krafttiere, die sie in das Reich jenseits der physischen Welt bringen konnten. Der Gedanke kam mir, als der Natursteig Sieg auf den *Druidensteig* abbog, mitten durch einen lichten Laubwald, der zwar ein Blätterdach bildete, aber an manchen Stellen die Sonne aufblitzen ließ, die durch die bewegten Äste ihren Weg suchte. Ich wanderte in diesen Sonnenmomenten durch ein lichtes helles Grün der Laubbäume. Der *Druidensteig* ist an der Stelle (man geht sozusagen auf zwei Wegen gleichzeitig) auch Natursteig. Er ist insgesamt mehr als 75 Kilometer lang und führt in vier Etappen von *Freusburg* zum *Kloster Marienstatt*. Die Abtei ist ein Zisterzienserkloster in Kleinsiehstenich (Scherz!) an der Nister. Das Flüsschen gibt es wirklich und es ist ein Zufluss zur Sieg. Die Zisterzienser waren die, denen die Lebensweise der Benediktiner zu schluffig war. Nun war ich also irgendwie auf dem Weg zum *Kloster Marienstatt*. Auf diesem Stück ist es ein Teil der vierten und letzten Etappe für herumwandelnde Druiden bis zum Kloster. Ein weiteres Schild auf dem Natursteig wies in Richtung »*Alm*«. Als ich sie sah, war sie eigentlich nichts anderes als ein aufgebockter Picknick-Platz am Wegesrand. Jedenfalls stand das Schild »Alm« daran. Wo bitte waren die Kühe mit den Glocken? Die Straße weiter runter hupte ein roter Kastenwagen wie wild und drehte dann wieder in die entgegengesetzte Richtung. Als ich näher kam, erkannte ich, dass es sich um einen hupenden Bäcker handelte, der den Wagen mit Teigwaren voll hatte und so lautstark auf sich aufmerksam machte. Gleichzeitig verstopfte er bei seinem Halt die Straße und ein großer Traktor blieb auf der Gegenseite geduldig stehen, bis ein Dorfbewohner die »Hupbrötchen« gekauft hatte. Der Bäcker machte Platz und Traktor setzte seinen Weg fort.

An der *Steinerother Kirche* zog mich die Neugier in den Innenraum. Oh - Wunder! Die Tür war nicht verschlossen. Es war kühl. Ich setzte mich kurz in die hinterste Kirchenbank und ließ die Ruhe des Ortes auf mich wirken. Der Kircheninnenraum war äußerst schlicht, weißgetünchte Wände und Holzbänke dominierten den Eindruck. Durch die Fenster aus violetten und rosa Glasscheiben drang Licht, die den Raum kaum erhellten, nicht mal einen Sonnenstrahl auf den Boden schickten.

Kurz hinter der Kirche bog der Weg nach links ab und führte mich erneut in den Wald. Auf dem Pfad zum Steinerother Kopf gab ich den Rettungssanitäter. Zwei Frühlings-Mistkäfer hatten sich in eine äußerst missliche Lage manövriert. Sie strampelten mit den Beinen in der Luft herum und sahen offensichtlich keine Chance mehr, sich um 180 Grad zu drehen. Ich beobachtet sie eine Weile, weil ich dachte: »Die schaffen das ...« Das sah allerdings nicht so aus. So holte ich eine provisorische Bahre. Na ja nicht wirklich, eher einen kleinen Ast, an dem sie sich festhalten konnten. So brachte ich beide Käfer wieder auf die Beine und davon haben sie genug. Sie schienen mir damit freundlich zuzuwinken und bedankten sich für die lebensrettende Maßnahme. Diese metallisch, blauglänzende Käferart begegnet einem als Wanderer vor allem im Frühling. Die Weibchen machen sich auf den Weg (wenn sie nicht gerade auf den Rücken gefallen sind), um Misthaufen zu suchen. Oft finden sie die auf den Wanderwegen, weil die manchmal von Reitern benutzt werden. So ein Pferd äppelt eben ab und zu. Das finden die Käfer hervorragend und die Weibchen graben kleine Gänge unter die Misthaufen, in denen sie ihre Eier ablegen. Diese Brutkammern werden wieder verschlossen und die Larven brauchen dann fast ein Jahr für ihre Entwicklung.

Nun marschierte ich stolz weiter, schließlich hatte ich, auf dem kleinen Zugweg, Leben gerettet. Wohlan denn, du Retter, zum weißen Missionskreuz auf dem »Steinerother Kopf«. Die ergonomisch geformte Holzbank mit Aussicht, vor dem Holzkreuz, war mir! Ich nahm den Rucksack ab und legte mich hin. Und als ich die Augen schloss, wurde mir klar:

»Das ist gefährlich! Ich könnte so was von wegdösen.«

Also - runter von der Bank und flott weiter, das Stückchen des Zuweges wieder zurück auf den Natursteig, der mich in den Wald führte oder wie man ja fast an manchen Stellen sagen muss: das, was vom Wald übrig geblieben war. Den Wald gesunden zu lassen, ist sicherlich eine Jahrhundertaufgabe für die Forstwirtschaft.

Ich erreichte das Örtchen *Molzhain*. Oberhalb steht ein Kapellchen und zwar ein neues. Es wurde erst 2013 erbaut, ist solarbetrieben und erstaunlicherweise ebenfalls offen. Ein großes gemaltes Bild hängt über dem kleinen Altar, mit biblischen Figuren, die sich in einem leuchtenden Gelb auflösen. Auf dem Altar lag eine Bibel. Die Molzhainer haben offenbar viel Gottvertrauen, da das Kapellchen am Waldesrand von jedem betreten werden kann.

»Ich sollte vielleicht auch wieder etwas mehr Vertrauen in die Menschen haben«, dachte ich bei mir.

Wenig später lief ich durch eine pferdefreundliche Gaststätte. Pferde mit ihren Reitern seien willkommen, hieß es. Ich hatte allerdings gerade kein Pferd dabei. Ein kleiner Bach lud zum Wassertreten ein. Mittendrin ein Geländer, an dem sich der Kneipp-Jünger festhalten konnte, obwohl ich vermutete, dass der kleine Bach nicht zu einem mitreißenden Mini-Tsunami fähig ist. Warum also festhalten?

»Und? kommen Sie klar?«, fragte mich ein Mann im Joggeroutfit.

Auf dem Rücken trug er einen, sagen wir mal, minimalistischen Rucksack und er poppte direkt aus einem gekappten Waldstück auf, in dem nur noch die Baumstümpfe standen und trockenes Geäst lag. Er stakste mit seiner kurzen enganliegenden Jogginghose über die Äste.

»Ähhhmmm … wie meinen Sie das?«, fragte ich zurück.

»Ich verzweifele gerade, weil ich nicht weiß, was ich mit den Zeichen machen soll.«

Er stand jetzt vor mir.

»Wo wollen Sie denn hin?«

»Nach Alsdorf.«

»Gut, dann gehen Sie einfach geradeaus und folgen Sie *nicht* dem Zeichen hier vorne nach links. Das stimmt nicht.«

»Wie kommt denn das?«, wollte ich wissen. Ich sah mittlerweile mehrere blaue Logos des Natursteigs um mich herum. Und es schien mir tatsächlich nicht besonders eindeutig zu sein.

»Gehen Sie einfach weiter geradeaus, das sehen sie dann, so in etwa 150 Meter gibt es dann wieder Hinweise auf den Natursteig.«

Und schon joggte er weiter, grüßte freundlich und rief mir noch ein »bis gleich!« zu. Das verstand ich nicht. Ich ging weiter und er kam tatsächlich nach ein paar Minuten hinter mir angetrabt. Wie gesagt, auch das verstand ich nicht.

»Hallo«, schmunzelte er, »ich hab doch gesagt, dass wir uns wiedersehen.«

»Kannten Sie eine Abkürzung?«, wollte ich scherzhaft wissen.

Er lachte.

»Nein, ich musste mir noch eine andere Stelle angucken.«

Im Laufe des Gesprächs stellte sich heraus, dass der vermeintliche Freizeit-Jogger, das alles hauptberuflich macht. Er kontrolliere rund 600 Kilometer Wanderwege und arbeite für die Verwaltung im Rhein-Sieg-Kreis. Und ich dachte, das Markieren geschehe immer durch, sagen wir »Etappen-Paten«.

»Ja, die gibt es auch«, sagte der hauptberufliche Wanderweg-Jogger, »die melden uns dann immer, wenn beispielsweise ein Baum über den Weg gefallen ist. Wir sägen den Weg dann wieder frei.«

Die Verkehrssicherheit für Wanderer sei einer ihrer Hauptaufgaben, natürlich neben den Markierungen für den Natursteig. Er winkte freundlich und joggte weiter auf seinem Kontrollweg. In seinem kleinen Rucksack, schepperten die Spraydosen für künftige Markierungen. Ich setzte meinen Weg entlang von Fischteichen fort, die mit Netzen überspannt waren, um Fischreiher abzuhalten. Es ging bergab. Ein Mountainbiker kam mir keuchend entgegen. Er lachte.

»Alles ohne Elektromotor ...«, keuchte er sichtbar stolz und war auch schon hinter der nächsten Kurve verschwunden.

Neben einem riesigen Umspannwerk für die Stromversorgung mitten im Wald, sah es aus, als hätte ein Tornado eine Schneise gerissen. Umgefallene Bäume, Schleifspuren von mächtigen Stämmen und Teile von Strommasten lagen verteilt auf der Fläche.

Der Wald war gerodet worden, um neue Strommasten aufzustellen, die noch wie einzelne Gerippe von Dinosauriern auf dem Boden lagen. Es sah unwirklich aus, so als bewegte ich mich in einem der Filme, in denen die Welt zerstört worden war. Ich brauchte den Anblick nicht lange zu ertragen. Der Weg bog nach rechts in einen Tannenwald ab und unter meinen Füßen fühlte ich wieder den weichen Tannennadelboden.

Schließlich erreichte ich *Alsdorf*, das Endziel dieser Etappe. In der Erzstraße bewunderte ich ein kunstvolles Fachwerkhaus. Es war das Hüttenschulzenhaus, das im Jahr 1680 vom Verwalter der *Grünebacher Hütte*, Herrn Etdenneuer, erbaut worden war. Es gab in der Region ein Kupferbergwerk und eine Eisenhütte, die sogar noch bis 1885 in Betrieb war. Über dem Querbalken der Eingangstür steht:

»Das Haus hatt gebautt Antthon Etdenneuer Margretta Eheleut! Gott behütte es für Feuersbrand«.

Was mir brannte, waren in dem Moment meine Füße, denn unter meinen weichen Sohlen war nicht mehr der Tannennadelweg, sondern harter Asphalt, dem ich bis zum Bahnhof in Alsdorf folgte. Und wundern Sie sich dort nicht. Es gibt nur ein Gleis. Und daher bitte genau hinsehen, wohin Sie wollen, falls Sie beispielsweise in *Betzdorf* übernachten wollen. Sonst kutschieren Sie in die falsche Richtung. Ein Blick auf den Fahrplan lohnt sich.

Nochmal Druiden und die Sehnsucht nach Italien

VON ALSDORF NACH KIRCHEN

Neben einer Mauer, die die Straße vom Weg abgrenzt, führt der Steig hinunter an ein paar Häusern vorbei zu einer kleinen Brücke über das Flüsschen *Heller*. Gleich gegenüber steht eine Kirche. Offenbar aus dem gleichen Material wie die großen Steine der Mauer, wurde die Kirche gebaut, auf die der Wanderer direkt zuläuft. Die Kirche heißt »Unterkirche«. Sie hat den Hauch einer gelebten Ökumene. Die Kirchentüren waren offen und ich trat in den Gottesdienstraum. Neben dem Altar häuften sich kleine bis mittlere rotweiß gestreifte Leuchttürme; einer fand sich sogar auf einer Altarkerze wieder. Ist auch irgendwie logisch: oben leuchtet es bei Kerze und Turm. Das meiste wirkte selbstgebastelt und ich vermutete, dass es sich dabei um eine Abschlussarbeit der Konfirmanden handelte. Ursprünglich wurde die Kirche von Katholiken gebaut und wird jetzt aber von der evangelischen Gemeinde genutzt. Sagen wir einmal so: Die Katholiken haben in der Umgebung noch genug Kirchen. Neben dieser Unterkirche ist ein großer Friedhof angelegt worden, der steil aufsteigend umrundet sein will. Gleich hinter dem Friedhof wartet ein Denkmal am Natursteig Sieg, das an den *»Deutschen Krieg«* oder *»preußig-österreichischen Krieg«* von 1866 und dem »Deutsch-Französischen Krieg« von 1870 erinnern soll. Es ist den »gefallenen Kameraden« gewidmet und wurde vom Alsdorfer Kriegerverein aufgestellt. Ich blieb einen Augenblick stehen und dachte über unser heutiges Europa nach und wie wichtig es ist, dieses nachbarschaftliche Europa zu erhalten. Ich kann wandern wohin ich will, obwohl die Menschen manchmal einfach eine andere Sprache sprechen. (Und damit meine ich nicht bergisches Platt oder Kölsch.) Mir wird freundlich zugewinkt. Das war nicht immer so, wie mir das Denkmal des Kriegervereins ziemlich deutlich vor Augen führte.

Tief in Gedanken versunken wäre ich fast an einem Pfahl vorbeigelaufen, der nach links auf einen Wiesenpfad wies. Jetzt kam der alte Indianer in mir durch. Ich war Winnetou und schlich mit meinen Mokassins über die Prärie und durch die Wälder. Klar bin ich mit Karl May groß geworden oder auch klein geblieben. Als Kind baute ich Hütten im Wald, die ich gegen Regen mit Farne abdeckte. Und ich war damals nicht alleine, sondern gehörte einem großen Stamm von acht- bis zehnjährigen Indianern an. Es gibt in Deutschland Vereine für *»Indianistik«* und zwar gab es die zu DDR-Zeiten sowohl im Osten als auch im Westen. Es gibt sie immer noch und wenn das Wetter schön ist, geht es am Wochenende in Lendenschurz und Flipflops in die Tipis. Es gibt auch noch andere Stämme - vor allem im Rheinland. Da gibt sich der Rheinländer schon mal gerne als trinkfreudiger Wikinger aus und grillt sich was am Wochenende, gekleidet im kurzen Fell und mit Hörnern auf dem Kopf. Aber - wie heißt es so schön: »Jede Jeck es anders«. So gibt es durchaus eine nachbarschaftliche Toleranz zwischen Indianern und Wikingern.

Ein Pfeil (und der kam nicht von Indianern) irritierte mich dann aber doch. Es steht eine Schutzhütte im Imhäuser Tal. Der Pfeil, nein, es hatte tatsächlich nichts mit dem Beschuss durch Indianer zu tun, zeigte einfach in die falsche Richtung. Der erfahrene Wanderer lässt sich davon natürlich nicht irritieren und zückt die Karte, die ihm bereitwillig Auskunft erteilt. Ganz ohne Strom und ja, ich habe tatsächlich immer einen Kompass dabei. Natürlich geht das auch mit dem Smartphone und der entsprechenden App. Aber wenn ich mich nun schon in der Natur bewege, wollte ich so wenig Technik wie möglich. Ich bin halt noch ein wenig Indianer.

Die richtige Richtung war so mit dem Kompass schnell gefunden. Immer wieder lugte in dem Tal der kleine Fluß hervor und alles wirkte sehr ursprünglich, bis auf die großen Brutkästen an manchen Bäumen. Einige davon sind so groß, dass man fast selbst einziehen könnte. Ich fragte mich, welcher Großvogel hier wohl was ausbrütet? Glücklicherweise hätte er eine Behausung. Das geht nicht allen Vögeln im Wald so, da der Forst wirklich in einem furchtbaren Zustand war. »Es ist schon ein Kreuz mit den Menschen«, dachte ich und als sei es erhört worden, bog ich auf einen Kreuzweg ein. Kleine, in Naturstein gemauerte Bilder, zeigen den Leidensweg Jesu. Das startet alles mit der ersten Station »Jesus wird zum Tode verurteilt«. Unweit von dieser Station fiel mein Blick auf ein anderes Zeichen: eine *Eins* von Sternen umkreist. Es erinnerte an die europäische Flagge und ich befand mich tatsächlich auf dem »*E 1*«, der vom norwegischen *Nordkap*, am Nordpolarmeer, bis ins italienische Dorf *Fortino* in Italien führt. Quasi von ziemlich frisch nach ziemlich kuschelig - einmal längs durch Europa. Ich vergaß fast auf dem Natursteig weiterzuwandern. Mich packte das Fernweh.

»Wenn ich jetzt hier weiter in diese Richtung gehen würde, dann ...«, fantasierte ich und ertappte mich dabei, wie ich diesen Satz laut sprach wie eine Beschwörungsformel. »Italien, Pasta, Sonne, Strand ... La dolce vita.« Der *E 1* ist rund 8.000 Kilometer lang. Das schaffe ich heute nicht mehr. So gehe ich zwar weiter auf dem Fernwanderweg, aber auch auf dem Natursteig Sieg und zudem noch auf einem Kreuzweg mit seinen verschiedenen Stationen über den

Leidensweg Jesu. Gedanklich wird es dabei ziemlich voll, weil ich mich eigentlich nur auf eines konzentrieren wollte und das war schlicht und ergreifend die Natur. Die war hinter den Stationen des Kreuzweges verschwunden. Eine kahle Fläche befand sich auf der Rückseite des jeweiligen Mauerwerks der bildhaften Stationen. Baumstümpfe klagten hinter Jesu Leidensweg. Nach der elften Station »Jesus wird ans Kreuz geschlagen«, türmte sich eine dunkelgraue Wand in den Himmel. Sie versperrte den weiteren Weg. Ich erreichte den dunklen *Druidenstein*, eine imposante Basaltformation, aufgetürmt wie ein Kegel. Er entstand vor rund 25 Millionen Jahren, zu einer Zeit in der die ersten Säugetiere auftauchten. Es war eine heidnischer Kultstätte und so hat die Kirche vorsichtshalber ein Kreuz oben drauf gepflanzt. In der Geschichte der christlichen Kirche war das oft der Fall, schließlich sollte der wahre Glaube verteilt werden. Bei den Kelten war die Basaltformation eine Kultstätte, bei der, so wird vermutet, die Sonne und die Natur verehrt wurden.

Ich setzte mich einen kurzen Moment auf einer der Bänke, die rund um den Druidenstein drapiert waren und stellte mir die Druiden bei den Ritualen vor, so wie sie heute noch bei den »neuen« Druiden im englischen Stonehenge gefeiert werden: bärtige Männer und attraktive Frauen in Kutten mit Kapuzen. Bald war meine Ruhe dahin, denn in der kleinen Gastronomie am

Druidenstein wurde der Rasenhäcksler angeschmissen und zwei Mountain-Biker nahmen Platz. Sie packten die Butterbrote oder vielleicht auch gesunde Möhren und ein fettiger Apfelschnitz aus und unterhielten sich so laut, als seien sie noch auf ihren Fahrrädern in etwa zehn Metern Entfernung voneinander. Keine Chance mehr, der Natur rund um den Druidenstein zu lauschen. Mir blieb nur die Flucht per pedes.

Nachdem ich ein kleines Dorf passierte, gab mir ein freundlicher älterer Herr Auskunft, wie es auf dem Weg weiterginge. Irgendwo hatte ich die weiteren Zeichen für den Natursteig übersehen. Kann schon mal vorkommen, wenn der Mensch in erster Linie die Umgebung genießt. Der Mann hing auf dem Fenstersims mit verschränkten Armen. So wie es in vielen Städten in den 50er und 60er Jahren üblich war. Er lag in der Auslage seines geöffneten Fensters in der ersten Etage, vor sich eine ganze Batterie von Limonadenflaschen.

»Laufen Sie erst hinter den letzten Häusern nach links«, schwor er mich ein.

Immer wieder würden Wanderer nicht auf ihn hören und kämen dann nicht auf den Weg, der schließlich zum *Ottoturm* führte.

» ... zum Ottoturm, nee?«

»Ja, genau, das ist auch mein Ziel«, pflichtete ich ihm bei.

»Das dachte ich mir, Sie sehen so aus.«

Wie sieht denn ein Ottoturm-Suchender aus? Nun egal. Ich bedankte mich und bog selbstverständlich erst hinter den letzten Häusern der Ortschaft nach links, dann über eine Wiese den Berg hoch und hinter einem Tiergatter sah ich auch schon den Weg. Ich war mir sicher, dass der ältere Herr mir hinterher geblickt hatte. Jetzt nahm er vermutlich einen großen Schluck aus der Limoflasche und zeigte mit dem Daumen nach oben. Glück gehabt!

Wieder passierte ich eine Stelle, an der der Wanderweg gesperrt war. Es sah in der Tat recht gefährlich aus, was ich da vor mir sah. Graue Stahlgiganten: Strommasten. Der Koloss, der fast auf der ganzen Breite des Natursteig Sieg stand, war noch nicht ganz fertig. Er wurde noch mit Stahlseilen gehalten, die am Ende auf der Erde in Betonklötzen verankert worden waren. In einem Wagen unterhalb des halbfertigen Mastes, saßen Arbeiter in einem Auto. Es schien die Zeit für Siesta zu sein. Ich rief zu ihnen hinüber:

»Mahlzeit! Wie komme ich denn auf die andere Seite?«

Einer der Arbeiter behielt sein Brot im Mund und deutete mit einer Handbewegung auf eine rotweiße

Kette, die an manchen Stellen um die Baustelle gespannt war. Ich interpretierte die Handbewegung so, dass ich an dieser Kette entlanglaufen sollte. Da ich aus dem Siesta-Fahrzeug nichts Gegenteiliges hörte, umrundete ich die Baustelle, musste aber dann doch an einer Stelle gefährlich nah an dem Stahlkoloss vorbei. Stahlseile hingen oder spannten sich über meinem Kopf und ich beeilte mich von dieser Stelle wegzukommen. Schließlich erreichte ich das andere Ende und sah den Wegweiser des Natursteigs, der zur Aussichtsplattform »Ottoturm« wies. Ich hatte die Stelle überlebt. Nicht weit davon entfernt, bog nach rechts ein kleiner Weg ein, der den Blick auf den *Ottoturm* freigab. Ein viereckiges Stahlgerüst mit Treppenstufen. Vielleicht waren das übrig gebliebene Querstreben des Strommastes, den ich eben überlebt hatte? Ein Arbeiter sah sich vermutlich den Haufen Stahlstreben am Boden an an und sagte:

»Mensch, da hat der Otto doch wieder zu viel bestellt. Das ist aber auch immer das selbe mit dem. Was machen wir den jetzt? Die kann man doch nicht liegen lassen?«

Und sein Kumpel antwortete:

»Das ist doch kein Problem. Die bauen wir einfach zu einem Turm zusammen.«

Alle nickten begeistert und das Problem war gelöst.

Ich wagte es und ging die 102 Stufen zur Plattform hoch. Davor musste ich allerdings zunächst einmal meine schlotternden Knie beruhigen. Es war das gleiche Problem, das ich auch beim Eiffelturm in Paris hatte. Ich stieg damals die Treppen in einem der Pylone hoch und konnte durch die Stufen sehen, wie sich der Pariser Boden immer weiter entfernte - ich immer höher kletterte. Zum Schluss war es fast unerträglich. Ich hielt mich krampfhaft am Geländer fest. Meine Hände klebten förmlich am Lauf des Geländers und die Schuhe, in denen meine Füsse steckten, waren offensichtlich mit Blei ausgegossen und praktisch nicht mehr zu heben. Ein ähnliches Erlebnis erlitt ich jetzt am Ottoturm. Auch hier sind die Stufen »durchsichtig«. Es kostete mich extreme Überwindung, aber dafür wurde ich mit einem tollen Blick belohnt. Das Wetter war klar. Ich konnte vom Rothaargebirge bis zum Siebengebirge sehen.

Ich schrieb mal ein Gedicht für die Kölner Obdachlosen-Zeitung »*Querkopf*.« Dabei ging es um einen Obdachlosen in Köln, der heimlich auf einen Kirchturm kletterte und dann »Fern sehen« konnte. Ich meinte tatsächlich, dass er *Fern* sehen konnte, wie auf dem Ottoturm. Beim Abdruck der Zeitung stellte ich fest, dass die junge Redakteurin, das natürlich für einen Schreibfehler hielt und »Fern sehen« zu dem Verb »fernsehen« korrigierte. Sie fragte sich offenbar nicht im Geringsten, wie der Obdachlose das auf dem Kirchturm anstellen konnte. Möglicherweise trug er ja einen Flachbildschirm auf den Turm. Wie auch immer. Ich konnte auf dem Ottoturm sehr gut *Fern* sehen.

Gestiftet hatte den Turm ein Industrieller aus der Ortschaft *Kirchen* - Otto Stein. Und zwar 1911 und gekostet hatte er 2.000 Mark, heißt es in Chroniken. Der Turm hielt aber nicht so richtig lange und daher bauten die »Freunde des Ottoturmes« ihn 2010 neu und erhöhten ihn noch um mehr als zwei Meter auf 18,59 Meter, der besseren Fernsicht wegen. (Möglicherweise waren es hier schon übriggebliebene Streben eines Strommastes.)

Genug gesehen. Runter vom Turm und schon gab es den ersten gelben Hinweis auf den Zuweg nach *Kirchen* zum Bahnhof. Ich freute mich auf ein kühles Getränk, aber schon ein wenig auf die vorläufig letzte Etappe, die 14.

Ritter, Quelle und ein Deppenhütchen

VON KIRCHEN NACH MUDERSBACH

Wenn Sie den Zuweg von *Kirchen* immer steil nach oben gelaufen sind, denken Sie vielleicht, dass es nicht schlimmer kommen kann. Das ist ein Irrtum, denn es geht auf dieser vierzehnten Etappe des Natursteig Sieg gefühlt ständig bergauf.

Ich stand vor dem ersten Wegweiser nach *Mudersbach*. Laut Broschüre sollten es 16,9 Kilometer sein. Waren es aber nicht, wie ich später feststellte. Laut meinem GPS lief ich insgesamt an diesem Tag 22,4 Kilometer und ich hatte mich nicht verlaufen. Ganz ehrlich. Ich war diese Etappe fast vier Jahre zuvor schon einmal gewandert und damals war es viel schwerer den Weg zu finden. Die Wanderzeichen waren oft verblasst und schienen oft nicht eindeutig zu sein. Sich zu verlaufen oder sagen wir einen kleinen Umweg zu machen, war da schon möglich. Dieses Mal war das anderes. Die Zeichen waren zu 80 % neu an den Bäumen oder den Pfählen gesprüht worden. Der Verlauf des Weges war eindeutiger geworden und ich brauchte nicht auf meine Topografische Karte sehen.

Gleich zu Beginn wanderte ich in den Wald hinein, nachdem der gelbe Zuweg hinter Gärten geführt worden war. Wenig später gaben die Bäume den Blick über ein Tal frei und es erinnerte mich an diesem Tag tatsächlich ein wenig an die französisch Provence mit ihren sanften, von der Sonne verwöhnten Hügeln. Manchmal war der freie Blick dem geschuldet, dass die Bäume gerodet worden waren. Neben den frischen Baumstümpfen standen kleine grüne Plastikkäfige, die die neuen Setzlinge schützten. In den Wäldern erspähte ich immer wieder Wildtiere und für die wäre wahrscheinlich so ein kleiner, saftiger Baumsetzling eine Delikatesse. Oft lag zwischen den Baumstümpfen nur eine dicke Schicht Reisig auf dem Waldboden. Wahrscheinlich war der Waldbauer sich noch nicht im Klaren darüber, welche Bäumchen an dieser Stelle gesetzt werden sollten. Er muss schließlich in Generationen denken und kann nicht gleich im kommenden Jahr schon wieder ernten. Aus dem Meer an frischen Baumstümpfen ragte schon mal ein Hochsitz für die Jagd wie das Gerippe eines Sauriers, der in einem solchen nicht vorhandenen Wald übrig geblieben war. »Machen die Hochsitze überhaupt Sinn?«, fragte ich mich in dem Moment, als die Holzkonstruktionen so unverhüllt vor mir auftauchten. Von weitem war mittlerweile die *Burg Freusburg* zu erkennen. Mitten im Grün der Wälder tauchte sie als bunter Klecks in Gelb und Weiß auf, ragte in die Höhe, versuchte sich gegen das dunkle Grün der Umgebung zu behaupten. Sie ist eine frühmittelalterliche Hochburg über dem Tal der Sieg.

Noch stapfte ich unverdrossen auf sie zu, auf einem Weg, der als botanischer Lehrpfad angelegt worden war oder sollte oder vielleicht auch gar keiner war. Hier und da lugten kleine Lattenroste am Wegesrand mit eingepferchten Minibäumchen. Auf dem Querholz stand der Name des Baumes und wann er die Ehre hatte, ein *Baum des Jahres* zu sein. So beispielsweise die »Europäische Lärche«, der Baum des Jahres 2012 und dahinter stand, statt eines Bäumchens, ein großer violettrot leuchtender Fingerhut. Na - wenn das mal nicht zur Verwirrung führt. Die Lärche habe ich mir immer anders vorgestellt. Entlang dieser Schotterpiste, die dem ausgewiesenen Wanderweg folgte, türmten sich Teerbruchstücke am Wegesrand. Irgendwer hatte sie wohl nach Straßenbauarbeiten an dieser Stelle abgelegt. Sieht ja keiner. Die Teerbrocken gehörten offensichtlich nicht zum botanischen Lehrpfad. Nahe diesem weniger netten Anblick auf dem Natursteig, erreichte ich die *Freusburger Mühle*. Ein imposantes Gebäude aus Backstein, das an einer Seite mit Efeu bewachsen ist und ein wenig an den Turm von Rapunzel erinnert. Am Ende des Turmes hing kein langes blondes Haar herunter, sonst hätte ich gern mal gerufen … na, Sie wissen schon. Drumherum sind einige alte restaurierte Gebäude. Ein wirklich hübsches

Ensemble. Die Mühle wurde übrigens schon 1437 erwähnt und mahlte mit Wasserkraft das Korn für die Backstube des Herrn auf der Freusburg. Das waren die Grafen von Sayn, die komfortabel auf der Freusburg ihr bescheidenes Quartier aufgeschlagen hatten. Seit 1978 wird kein Korn mehr gemahlen, allerdings die Wasserkraft genutzt, um Strom für die eine oder andere Lampe zu erzeugen. Ein ganz anderes Bild zeigte sich mir, als ich die Straße überquerte und durch die engen Gassen des kleinen Ortes *Freusburg* ging. Nur wenige Fachwerkhäuser waren restauriert. Die meisten befanden sich in einem traurigen Zustand. Ihre ehemalige strahlende Schönheit war noch zu erahnen, aber offenbar ging den Erben das Geld aus, um an den Fassaden etwas frische Farbe zu tünchen. Kleine Schrebergartenlauben duckten sich an die Häuser, ohne die Romantik eines traditionellen Schrebergartens. Der Grund für den Bau schien der preiswerte Wohnraum zu sein, denn trotz Zeichen des Verfalls, hingen hinter den Fenstern Gardinen. Zu sehen war niemand.

Etwas später stand ich vor den mächtigen Mauern der Freusburg. Direkt vor mir waren die kolossalen Mauersteine mit Schildern voll gehängt. Es geht zum Schießstand, zur Jugendherberge, zum Café und wenn man will, auch zur Fußpflege. Brauchte ich in dem Augenblick gerade nicht. Vor allem nicht in einer Burganlage aus dem 17. Jahrhundert. Hatten die Grafen von Sayn hier wohl immer schon traditionell eine Fußpflege? Früher hieß die schicke Burg ja mal *»Fruodeesbraderofanc«*. Und das hatte nichts mit Füßen zutun. Ließ sich allerdings nur schwer aussprechen. Ist aber schon ein paar Jahre her. Dieser seltsame Name tauchte 913 auf.

»Wo reitest du denn heute hin?«, fragte Ritter Wolfram seinen Kollegen Ritter Roland, genannt Rolli, der Dicke.

»Och«, sagte Rolli, »ich wollte mal in die Jugendherberge Fruodeesbraderofanc.«

»Hä?«, stöhnte Wolfram, der den Dicken unter seinem Topfhelm natürlich überhaupt nicht richtig verstehen konnte.

Da es bei dem Namen der Burg immer wieder zu Missverständnissen kam, wurde sie schließlich in *Freusburg* umbenannt und so war der Name unter einem Topfhelm gut zu verstehen. Natürlich gab es zu der damaligen Zeit noch keine Jugendherberge in der Freusburg. Erst 1928 wurde die Jugendherberge eingerichtet und die Freusburg gehört heute zu den meist besuchten Jugendherbergen Deutschlands. Die Burg ist wunderbar restauriert und es lohnt sich ein kleiner Rundgang in der Festungsanlage. Hinter der eigentlichen Jugendherberge steht ein Tisch mit einer wunderbaren Aussicht und der geneigte Wanderer packt vielleicht sein Butterbrötchen aus, um eine Weile über die Wälder nachzudenken. Auch unsere beiden Ritter hatten sicher seinerzeit einen solchen Ausblick genossen, bevor sie wieder loszogen, genau wie ich es tat. Vorbei an bunten Bienenstöcken mit ordentlich viel Gesumme vor den kleinen Eingängen. Ich musste unwillkürlich daran denken, dass ich das Gefühl habe, dass wir immer weniger Insekten haben. Wann haben Sie mal einen echten Maikäfer gesehen? Nein, nicht der kleine Rote mit den schwarzen Punkten. Der heißt Marienkäfer. Ich meine den aus Wilhelm Buschs Erzählung »Max und Moritz.« Es war der fünfte Streich. Dort heißt es:

Jeder weiß, was so ein Mai-
Käfer für ein Vogel sei.
In den Bäumen hin und her
Fliegt und kriecht und krabbelt er.

Ich kann mich nicht erinnern, mal einen Maikäfer wirklich bewußt gesehen zu haben. Keine Chance also, ein solches Krabbeltier irgendwo vom Baum zu schütteln. Wird es uns auch einmal mit den Bienen so gehen? Das wir sie nicht mehr sehen?
»Wenn die Biene einmal von der Erde verschwindet, hat der Mensch nur noch vier Jahre zu leben.«
Das soll der geniale Physiker Albert Einstein gesagt haben. Bemerkenswert ist natürlich hier die

Berechnung der vier Jahre. Kein Mensch weiß, wie er ausgerechnet auf vier Jahre gekommen sein soll. Später stellte sich allerdings heraus, dass das Zitat Einstein zwar zugeschrieben wird, er es aber wohl niemals gesagt hat. So ist das. Klingt halt besser, als wenn wir hören würden:

»Das hat der Fritz Müller doch schon immer gesagt!«

Der Weg vereint sich mal wieder mit einem anderen Weg. Und diesmal ist es der »*Grubenwanderweg Niederfischbach*.« Dolle Sache! Den Gruben-Weg kann man in flotten sechs Stunden ablaufen. Wollte ich aber nicht, schließlich war ich auf dem Natursteig Sieg und der brachte mich zu einer Mahnstätte. Die Bilder von jungen gefallen Soldaten in Wehrmachtsuniform waren an einem Stück Holz in Bodennähe angebracht und davor lag ein Wehrmachtshelm. Am 3. April 1945 bekamen damals die amerikanischen Soldaten, den Befehl zum Vorstoß auf den *Giebelwald* und eroberten ihn schließlich. Es gab zahlreiche Verluste auf beiden Seiten.

Solche Gedenkstätten lassen mich auf meinem weiteren Weg des Natursteigs selten los. Ich stellte mir vor, wie es wohl wahr, durch den Wald zu gehen, sich zu verstecken, die Schüsse zu hören, die Angst zu spüren, jeden Moment sein Leben verlieren zu können, obwohl man erst 19 oder 20 Jahre alt war. Ich versuchte mich weiter auf den Weg zu konzentrieren und weiß, dass jeder Wanderer auf diesem Teilstück sicherlich seinen eigenen Gedanken nachhängt.

Es geht vorbei an einem großen Ameisenhaufen und ich erreichte den Erzquell-Stollen von 1885 und bekomme sofort Durst. Vor meinem geistigen Auge schwebte ein kühles Glas Bier, an dem langsam an der Außenseite zwei Tropfen Wasser langliefen. Ich schluckte. Das besonders weiche Quellwasser aus dem 200 Meter langen Stollen wird immer noch zum Bierbrauen verwendet. Die Türen zum Stollen waren verschlossen, sonst hätte ich sicherlich gerne einen kühlen Schluck Wasser genommen. Um mich herum flatterten kleine gelbe Schmetterlinge mit braunen Punkten. Nein - das war keine Einbildung, weil ich gerade dehydrierte. Die Schmetterlinge flatterten tatsächlich vor meiner Nase. Der Weg führte nach dem Stollen wieder ein Stück den Berg hinauf und kurz vor dem Ort *Mudersbach* hatte ich noch so eine der Begegnungen, die dazu führen, warum ich das Wandern alleine so mag. Ein großer Rehbock sah mich von der Seite an. Er wusste nicht so recht, was er von mir halten sollte und so sprang er sicherheitshalber schnell ins Dickicht und aus meinem Blickfeld.

Wenig später erreichte ich eine große Marienstatue. Sie thronte hoch über mir in einer gemauerten Grotte.

Davor standen Holzbänke, die zur Andacht einluden. Eine Frau saß auf einem der Bänke und sah versonnen in Richtung der Statue. Ihre beiden Hunde lagen unter der Bank und blickten in meine Richtung. Sie hoben nur neugierig ihre Köpfe. Ich vermutete, weil sie selten jemanden mit einem »*Deppenhütchen*« gesehen hatten. Ich trug einen leichten Fischerhut aus Baumwolle gegen die Sonne an diesem Tag. Schließlich wanderte ich nicht zu einer Modenschau und ihm Wald werde ich zudem nicht so oft gesehen. Ich fand diesen Hut äußert praktisch, weil er ohne Probleme in meine Seitentasche der Wanderhose passte. Verknittert ist er ja eh. Die Mariengrotte, so konnte ich einem Schild in der Nähe entnehmen, ist der *Frau von Lourdes* gewidmet. Es ist also eher ein Denkmal, weil es an der Stelle keine verbriefte Marienerscheinung gab. Es stehen noch weitere Figuren in der Nachbarschaft, die nicht wirklich die Dimension einer Statue erreichen: Gartenzwerge, verschiedene freundliche Schafe und ein mittelgroßer Schäfer mit Stock und Hut, vermutlich aus witterungsbeständigem Plastik.

Ich marschierte durch den Ort von *Mudersbach* auf der Suche nach dem Bahnhof und fand ihn schließlich. Zwei Bahnsteige in einem Industriegebiet, die wenig einladend waren, davor ein großer Truck in dem der Fahrer gerade sein Mittagsschläfchen hielt. Das war das vorläufige Ende des Natursteig Sieg. Mehr als 200

Kilometer bin ich gegangen und ich bin froh darüber, dass ich dieses kleine Abenteuer gleich vor der Haustüre gewagt habe.

Es ist übrigens die vorläufige Schlussetappe des Natursteig Sieg, der später noch bis zur Siegquelle auf dem Rothaarkamm in Siegerland-Wittgenstein verlängert werden soll.

Jetzt aber ...

Ende

(aber nur für diese Wanderung)

NOCH EIN PAAR KLEINE WEGMARKEN ZU DEM NATURSTEIG SELBST:

- Es ist ein Fernwanderweg
- Eröffnet im April 2011
- Der Steig verläuft durch Nordrhein-Westfalen und Rheinland-Pfalz
- Offizielle Länge: 196,4 km (Ich habe mehr als 200 km gezählt.)
- Er soll bis zur Siegquelle bei Netphen verlängert werden und ist dann mehr als 250 km lang
- Startpunkt ist der Bahnhof Siegburg/Bonn
- Zielpunkt (Stand 2020) Bahnhof Mudersbach
- seit 2013 ist er ein Prädikatswanderweg

NACHWORT

Ich hoffe sehr, dass ich nicht wirklich mal ein Nachwort, oder besser gesagt einen Nachruf auf den Wald schreiben muss. Wie mittlerweile jeder weiß, sind die Wälder auf der ganzen Welt in ihrem Bestand in Gefahr und das kann jeder mit seinen eigenen Augen praktisch vor der Haustüre sehen. Mich hat es ein wenig erschreckt, als ich gesehen habe, wie sich der Wald auf dem Natursteig Sieg in den vier Jahren verändert hat, in denen ich den Weg gewandert bin. Und das ist schließlich nur ein ganz kleiner Ausschnitt in der Welt.

Ich schrieb ja in dem Kapitel über die Wölfe, über meine Begegnung mit den Indianerstämmen der *Nez Percé* in Kanadas Wäldern. Ihr Chief Joseph ist bis heute noch sehr präsent, obwohl er vor mehr als 100 Jahren verstarb. Die Indianer damals lebten mit der Natur und beuteten sie nicht aus. Wie mir in Kanada einer der Indianer sagte, sei die Mutter Erde für sie heilig. Nie kämen sie auf die Idee, die Erde in Besitz zu nehmen und sie einzuzäunen. Das erinnert auch an die Weissagung der Cree:

»Erst wenn der letzte Baum gerodet, der letzte Fluss vergiftet, der letzte Fisch gefangen ist, werdet ihr merken, dass man Geld nicht essen kann.«

Viele werden dieses Zitat kennen, weil damit auch die westdeutsche Umweltbewegung in den 1980er Jahren auf die Straßen ging. Es ist übrigens nicht gesichert, ob ein Cree diese Aussage wirklich jemals gemacht hat. Aber ich finde, dass das auch nicht so wichtig ist, denn die Aussage ist doch ziemlich klar.

Verstehen Sie mich bitte nicht falsch. Ich schreibe lediglich als Mensch, der die Natur liebt und sie noch lange erhalten sehen will. Von daher fand ich auch die Idee des Ruhewaldes prima. Einfach ein Stück Wald völlig »unordentlich« wachsen zu lassen. Das tat der Wald schon, bevor wir Menschen auf der Welt erschienen. Und das klappte ganz gut, sonst hätte der Wald uns nicht den Schutz geboten, den wir brauchten, um uns weiter zu entwickeln.

Vielleicht noch ein paar Gründe, warum Wandern toll ist. Es baut in jeden Fall Stress ab. Dieser Effekt stellt sich schon nach einigen Metern auf schmalen Pfaden ein. Ausserdem braucht man zum Wandern nicht viel: ein wenig praktische Wanderkleidung und Rucksack wäre schon prima. Aber das ist es auch.

Nun will ich aber nicht noch mehr erzählen, denn sicherlich wollen Sie jetzt ihren Rucksack packen (eventuell dieses Buch hineinstecken) und sich auf den Weg zum Natursteig machen. Vielleicht begegnen wir uns ja einmal.

Ihr Helmut Mülfarth